Stefan Knobloch

Weckrufe

Stefan Knobloch

Weckrufe

Den Weg dorthin kennt ihr

Fromm Verlag

Impressum / Imprint
Bibliografische Information der Deutschen Nationalbibliothek: Die Deutsche Nationalbibliothek verzeichnet diese Publikation in der Deutschen Nationalbibliografie; detaillierte bibliografische Daten sind im Internet über http://dnb.d-nb.de abrufbar.

Bibliographic information published by the Deutsche Nationalbibliothek: The Deutsche Nationalbibliothek lists this publication in the Deutsche Nationalbibliografie; detailed bibliographic data are available in the Internet at http://dnb.d-nb.de.

Coverbild / Cover image: www.ingimage.com

Verlag / Publisher:
Fromm Verlag
ist ein Imprint der / is a trademark of
OmniScriptum GmbH & Co. KG
Heinrich-Böcking-Str. 6-8, 66121 Saarbrücken, Deutschland / Germany
Email: info@frommverlag.de

Herstellung: siehe letzte Seite /
Printed at: see last page
ISBN: 978-3-8416-0447-7

Inhaltsverzeichnis

Bedrängnisse

Feste

Vorwort

Weckrufe? Was soll denn das schon wieder sein? Meint da einer, andere würden schlafen, ihr Leben verpennen, nur er sei wach? Nur er wüsste es besser? Weit gefehlt. Nicht um *Weckrufe* aus dem eigenen Bauch soll es gehen, sondern um *Weckrufe* aus der Heiligen Schrift. *Weckrufe*, die jeder anders hört. Das hängt vom konkreten Kontext, vom jeweiligen Lebenshorizont ab. Aus diesem Horizont treten wir nicht heraus, wir lassen ihn nicht zurück, wenn wir uns der Heiligen Schrift zuwenden. Wir lesen sie immer von unserem Vorverständnis, von unseren Lebenserfahrungen her. Einen anderen Zugang haben wir nicht.

Aber damit dominieren wir die Heilige Schrift nicht, sondern *sie* ist es, die zu einem Weckruf werden kann. Sie kann uns verunsichern, uns in Frage stellen, aber sie kann uns auch Wege aufzeigen, die wir bisher nicht oder zu wenig gesehen haben.

Thomas, der Apostel, war von der Bemerkung Jesu wie vor den Kopf geschlagen, den Weg, den Jesus gehe – durch Tod und Auferstehung – würden sie kennen. Er verstand nichts. Bis ihm aufging, dass der Auferstandene mitten in seinem Leben da war. Mit ihm einen Weg ging. Und wir dürfen sagen, mit uns einen Weg geht, der in der *Nähe* Gottes verläuft. Einen Weg, der zum *Leben* in Fülle führt. Einen Weg, den Jesus mit *Zeichen* heimsucht. Einen Weg, auf dem wir uns einlassen in die *Prozesse* des Glaubens. Einen Weg, der *Wenden* kennt, vielleicht nicht in der Dramatik der Wendejahre 88/89, aber doch der Entwicklungen, die wir uns nicht zugetraut hätten. Einen Weg der *Bedrängnisse* und Rückschläge. Und schließlich einen Weg der *Feste*, in denen wir uns unseres Glaubens versichern.

Das klingt alles schön, zu schön. Wie anfechtbar und wertlos. Aber der Umgang mit der Heiligen Schrift und über sie mit dem präsenten Auferstandenen ist ein Weg, auf den wir uns wagen sollten. Dazu versuchen die folgenden Überlegungen einen kleinen Beitrag zu leisten.

Passau, im November 2013 Der Verfasser

Nähe

Aus Gott geboren
Joh 1,1-5.9-14

Er kam in sein Eigentum, aber die Seinen nahmen ihn nicht auf. Allen aber, die ihn aufnahmen, gab er Macht, Kinder Gottes zu werden.

Der Prolog des Johannesevangeliums ist ein feierlicher Text, dem man vor lauter Feierlichkeit nur schüchtern näher tritt: „*Im Anfang* war *das Wort* […]“ Ein sich philosophisch ausnehmender Text, der nicht unbedingt jedem liegt. *Im Anfang war das Wort.* Von welchem Anfang ist hier die Rede, können wir da fragen, wenn uns überhaupt nach Fragen zumute ist. Der Prolog bezieht sich auf jenen Anfang, mit dem das Alte Testament beginnt: „*Im Anfang* schuf Gott Himmel und Erde…“ An diesem Anfang vor aller Zeit *war das Wort*, *war es bei Gott.*

Es ist, als taste sich der Prolog an das Geheimnis des dreifaltigen Gottes heran. Kaum aber tut er das, wechselt die Szene. Das Wort wird zum Schöpfer des Alls. „*Alles* ist durch das Wort geworden.“ Nicht mehr Gott in sich ist das Thema, sondern seine Initiative als Schöpfer, seine Initiative in die Welt hinein wird zum Thema. Er brachte Leben auf die Welt. Er brachte menschliches Leben hervor und leuchtete diesem Leben als Licht. Der Prolog macht nur Andeutungen. Nicht mehr als Andeutungen, dass das Leben der Menschen von Anfang an nicht auf sich gestellt war. Ihnen leuchtete Gottes Licht. Aber sie hielten nicht viel von diesem Licht und von Gott. Sie fühlten sich eher *im Dunkel, in der Finsternis des Lebens* wohl.

Da tat Gott, der Schöpfer, einen zweiten Schritt. Er kam in seinem Sohn in die Welt, in die hinein er immer schon sein Licht hatte strahlen lassen. Und bis heute strahlen lässt. Er kam in die Welt, aber die Welt nahm ihn wieder nicht wahr. Obwohl es doch *seine* Welt war, *sein* Eigentum! Er blieb den meisten fremd.

Ausgenommen jene, die ihn *aufnahmen*. Jene, die vorher schon für sein Licht dankbar waren, weil sie spürten, dass es in ihrer Finsternis Orientierung gab. Die nahmen ihn auf. Sie erkannten die Bedeutung, die er für ihr Leben hatte. Ihr Leben bekam größere Klarheit. Sie erkannten, worin ihr Leben gründete. Sie verstanden sich *als Kinder Gottes*. Und dies nicht exklusiv nur für sich. Sie erkannten, dass dazu alle Menschen berufen waren. Die Pastoralkonstitution *Gaudium et spes* bekundet dasselbe, indem sie vom Geheimnis des Lebens, des Todes und der Auferstehung Jesu sagt, dass dieses nicht nur für Christgläubige gelte, „sondern *für alle Menschen* guten Willens, in deren Herzen die Gnade *unsichtbar* wirkt. Da nämlich Christus *für alle* gestorben ist und da es in Wahrheit nur *eine* letzte Berufung des Menschen gibt, *die göttliche*, müssen wir festhalten, dass der Heilige Geist allen die Möglichkeit anbietet, diesem österlichen Geheimnis in einer Gott bekannten Weise verbunden zu sein“ (GS 22).

Der Prolog des Johannesevangeliums bedient sich einer Übertreibung. Er stellt den aus Gott geborenen Menschen in einem harten Kontrast jene gegenüber, die *aus dem Blut*, *aus dem Willen des Fleisches, aus dem Willen des Mannes* geboren sind. Nur sind das keine sich ausschließenden Gegensätze. Jede und jeder von uns ist, nach den biologischen Gesetzen des Lebens, im Blut geboren. Nur: Wer sein Leben ausschließlich von diesen biologischen Gegebenheiten her deutet, auch wenn sich mit ihnen mit den Lebensjahren soziale und geistige Dimensionen verbinden, wer sich aber nur von ihnen her versteht und kein Gespür, keine Wahrnehmung für den *transzendenten Horizont* seines Lebens entwickelt, dem sagt der Prolog: Du übersiehst die wichtigste Komponente deines Lebens, nämlich, dass du *aus Gott geboren* bist.

In diesen Horizont Gottes treten wir freilich nicht erst in dem Moment ein, in dem wir Gott ausdrücklich in den Mund nehmen. Die Pastoralkonstitution *Gaudium et spes* spricht davon, dass uns Gott in einer *nur ihm bekannten Weise* verbunden sein kann. Diese Verbundenheit muss vom einzelnen nicht bewusst wahrgenommen und nach außen sichtbar werden. Denken wir, um uns dies zu verdeutlichen, an die Gerichtsrede im Matthäusevangelium (Mt 25,31-

46). Da gehen die in das Reich Gottes ein, die dem Menschensohn *in hungernden Menschen* zu essen gegeben, ihm in Verdurstenden zu trinken gereicht, ihn in Obdachlosen und Fremden beherbergt, ihn in Nackten bekleidet, ihn in Gefangenen besucht haben. Auf ihre erstaunte Frage, wann sie das alles dem Menschensohn getan hätten, macht er ihnen klar, dass *er* ihnen in diesen Menschen begegnet sei. So erwirkten sie ihr Heil.

Was heißt das für uns? Es reicht nicht, glaubend zu bekennen, dass wir aus Gott geboren sind. Wir sollen einen sozial wachen Blick für die Nöte und Bedürfnisse der anderen haben, wie das Matthäusevangelium uns vor Augen stellt. Denn, wie uns noch einmal die Pastoralkonstitution einschärft, für gläubige Menschen gibt es nichts wahrhaft Menschliches, das nicht in ihren Herzen seinen Widerhall fände (GS 1).

Ich gehe – und bin da
Joh 14,23-29

Wenn jemand mich liebt, wird er an meinem Wort festhalten; mein Vater wird ihn lieben, und wir werden zu ihm kommen und bei ihm wohnen.

Wir vergessen es zu leicht: Die Worte des Johannesevangeliums, 14,23-29, die wir in der Osterzeit hören, sind nicht Worte des Auferstandenen an seine Jünger. Es sind Worte aus der langen Abschiedsrede, die - in der Komposition des Johannesevangeliums - der Herr am Abend *vor seinem Leiden* im Abendmahlssaal an seine Jünger richtete

Den richtigen Blick, um diese Worte zu verstehen, gewinnen wir aus dem unmittelbar vorangehenden Satz, in dem Jesus sagt: „Nur noch kurze Zeit, und *die Welt* sieht mich nicht mehr; *ihr* aber seht mich, weil ich lebe und weil auch ihr leben werdet. An jenem Tag werdet ihr erkennen: Ich bin in meinem Vater, ihr seid in mir und ich bin in euch“ (Joh 14,19-20). Mit jenem Tag ist *der Ostertag*, ist die Auferstehung gemeint, nicht die Parusie, nicht die Wiederkunft des Herrn am Ende der Zeit. Ihr werdet sehen, dass ich lebe, und aus dieser Wirklichkeit werdet auch ihr leben. Nämlich aus der Gemeinschaft Jesu mit seinem Vater, in die die Glaubenden hineingenommen sind. Diese Gemeinschaft ist der Lebensraum der Liebe, den Gott, der Vater, in uns schafft, indem er mit seinem Sohn in uns Wohnung nimmt. Wer von diesem Lebensraum nichts hält, von dieser geschenkten Liebe Gottes, der hat auch nur schwerlich ein Ohr für die Worte Jesu. Denn seine Worte eröffnen Lebensraum, den Lebensraum der Liebe des Vaters.

Jesus *hat* diese Worte zu den Jüngern gesprochen, sagt er selbst, solange er noch unten ihnen weilt, solange ihn Leiden und Tod noch nicht eingeholt haben. Eine merkwürdige Formulierung. Man erwartet eigentlich, er würde gesagt haben: Ich *spreche* diese Worte zu euch, solange ich noch unter euch weile. Er weilt ja noch unter ihnen. Hier verfließen offensichtlich bewusst *zwei* Zeit- und Wirklichkeitsebenen miteinander. Geschrieben sind diese Worte unter dem Eindruck der Erfahrung der Auferstehung des Herrn. Die Auferstehung schafft eine neue, eine andere Zeit. Von ihr könnten die Jünger bzw. wir Gläubigen meinen, der Herr sei doch *nicht mehr da*. Wer wisse schon, ob auf die angesagte Gemeinschaft zwischen Gott, dem Vater, dem Sohn und uns Glaubenden überhaupt Verlass ist. Melancholie könnte aufkommen, Verlusterlebnisse, Trauer bis hin zum Unglauben. Um dies auszuschließen, werde der Vater einen Tröster schicken, einen Beistand, den Heiligen Geist. Der werde uns die Augen öffnen für die neue, dauernde, wenn auch anders geartete Anwesenheit des Auferstandenen, den weder die Jünger mit Händen betasten und begreifen konnten noch wir.

Dann scheint das Johannesevangelium beinahe wörtlich die spätere Begegnung der Jünger mit dem Auferstandenen vorwegzunehmen, indem Jesus sagt: Meinen Frieden gebe ich euch. In ihm sollt ihr leben. Dieser Friede ist weit mehr, ja von ganz anderer Qualität als jener Friede, an dem die Menschen in ihren Friedensbemühungen herumnesteln. Bitte, trauert nicht! Bitte, seid nicht ratlos! Dann folgt der eigentliche Schlüsselsatz: *„Ich gehe – und komme wieder.“* Das sind zwei Seiten *ein und derselben Medaille*. Indem Jesus geht, indem er hindurchgeht durch Leiden und Tod, kehrt er in das Leben der Jünger, kehrt er in unser Leben. Nicht am Nimmerleinstag, sondern in die Gegenwart unseres jetzigen Lebens. Das liefere, so sagt Jesus, keinen Grund zur Trauer, sondern allen Grund zur Freude. Er gewährleistet uns seine neue Gegenwart, die durch den Vater möglich wird.

Und dann kommt zum Abschluss noch einmal dieser merkwürdige Zeitenwechsel: Ich *habe* es euch gesagt, damit ihr glaubt, wenn es so kommt, wenn es so sein wird. Wir können dafür sagen: Wenn es so ist, wie es heute ist. Eine Zeit, in der Gott in seinem auferstandenen Sohn und im Heiligen Geist seiner Welt, unserer Zeit, unserem Leben, präsent ist.

Bei diesem Glauben an den Auferstandenen geht es nicht sozusagen um die nackte Tatsache, *dass* er auferstanden ist. Dann nämlich kreisten unsere Gedanken womöglich darum, was sich da mit dem

Körper des Toten zugetragen hat. Einmal stellte mir einer die Frage, ob es, wenn Jesus urnenbestattet worden wäre, dann keine Auferstehung gegeben hätte. Hier müssen wir unterscheiden zwischen Glaube und Glaubens*vorstellung*. Bei der Auferstehung geht es nicht um eine sozusagen präzise naturwissenschaftlich begründete Aussage über seine neue Existenzweise. Nein, es geht um eine durch Gott Wirklichkeit gewordene Gegenwart des Herrn, die sich uns im Glauben erschließt als die unserem Leben gegenwärtige Liebe Gottes. Unsere diesbezüglichen Glaubens*vorstellungen* mögen bunt, mögen vielfältig sein, mögen sich dem Glauben querlegen. Sie können nicht nach Art eines Algorithmus seine Gegenwart abbilden. Und doch will und kann seine Gegenwart etwas sein, was uns in ihren Bann zieht, was wir zum Lebensgesetz unseres Lebens machen.

Von Anfang an
Mk 1,1-8

Anfang des Evangeliums von Jesus Christus, dem Sohn Gottes.

Es ist merkwürdig genug: Der Evangelist Markus beginnt das Evangelium von Jesus Christus mit *Johannes, dem Täufer*. Der Täufer steht am Anfang, und zwar als einer, der im Grunde keine eigene Sendung hat. Das Evangelium charakterisiert ihn als Vorläufer, als Wegbereiter für einen anderen, für einen Größeren, der nach ihm komme. Dieser Aufgabe gibt sich Johannes hin. Damit macht er sich kleiner, oder macht ihn das Markusevangelium kleiner als er wirklich war. Nur damit der größer herauskomme, der nach ihm kommt: Jesus Christus.

So stellt Markus, ähnlich wie es das Matthäus- und das Lukasevangelium durch das Stilmittel der Kindheitsgeschichte Jesu getan haben, die einmalige Größe und Sendung Jesu heraus. Dieselbe Absicht verfolgt Markus mit seiner *Täufer-Ouvertüre*. An den, auf den der Täufer hinweist, knüpft sich eine neue Erkenntnis, an ihm kann den Menschen ein Licht aufgehen, das zwar nicht neu ist, den Menschen aber wie neu vorkommt.

Wir müssen uns dabei von der Vorstellung verabschieden, Gott habe sich über Jahrhunderte und Generationen hinweg bis zur Menschwerdung seines Sohnes von der Menschheit zurückgezogen. Womöglich aus Groll über deren Untreue und Schuld. Wir dürfen uns Gottes nie unterbrochene oder gar zurückgenommene Liebe und Nähe zur Welt und zu den Menschen nie in Fragmente zerstückelt vorstellen. Als lägen Jahrtausende bzw. Jahrhunderte der Menschheitsgeschichte im kalten Schatten entzogener Gottesliebe. Als habe es in seiner Beziehung zu uns ein ständiges Auf und Ab, ein unentschiedenes Hin und Her gegeben. Erst habe er die Welt erschaffen, dann Adam und Eva verstoßen, danach ein „auserwähltes Volk" berufen, über Jahrhunderte hinweg Gottesmänner und Propheten gesandt, bis es schließlich zur Menschwerdung des Gottessohnes gekommen sei.

Nein, das alles müssen wir als einen einzigen Akt sehen, in dem sich Gott ununterbrochen den Menschen kundtut. Die vor der Zeit Jesu lebenden Menschen waren, so gesehen, vor Gott nicht ärmer dran als die in den letzten zwei Jahrtausenden nach Christus Geborenen. Das geht schon aus einem meist überlesenen bzw. überhörten Satz des zweiten eucharistischen Hochgebetes hervor. Dort heißt es: „[…] damit uns das ewige Leben zuteil wird […] mit allen, die bei dir Gnade gefunden haben *von Anbeginn der Welt*." Von Anbeginn der Welt! Vielleicht fällt uns diese Sicht auf die durchgängig gleichbleibende Beziehung Gottes zu den Menschen aller Zeiten und aller Räume leichter, wenn wir den ersten Satz aus der Genesis, *„im Anfang* schuf Gott Himmel und Erde", und den ersten Satz des Markusevangeliums, *„Anfang* des Evangeliums von Jesus Christus" in einem inneren Zusammenhang lesen. Wie es in der Schöpfung der Welt durch Gott mit Gottes Liebe zur Welt *anfing*, so fing mit Jesus Christus bzw., wie sich das Markusevangelium ausdrückt, mit dem Evangelium von Jesus Christus die nicht mehr übertreffbare Verlautbarung der Liebe Gottes an. Sie *fing an*. Korrekt spricht Markus vom *Anfang* des Evangeliums, denn es harrt noch seiner Vollendung, in der Wiederkunft des Herrn. Das heißt aber mehr, als dass wir jetzt seit dem Tod und der Auferstehung Jesu in einer Lücke lebten, eine Leerstelle durchliefen. Der Auferstandene ist vielmehr präsent, er geht mit uns durch die Zeit, was uns das Evangelium deutlich machen will, indem es sagt, es habe erst seinen *Anfang* genommen. Dem Markusevangelium geht es also nicht um Johannes, den Täufer, sondern um unser Augenmerk auf die Gegenwart des Größeren, auf Jesus Christus, der als Auferstandener längst unter uns lebt und mit uns geht.

Markus weiß aber um die Schwerhörigkeit der Menschen gegenüber Gott. Deshalb greift er die Bewegung, die Johannes, der Täufer, als Bußprediger damals ausgelöst hat, als Motiv auf, damit wir uns für die Botschaft von Gottes Präsenz in der Welt und unserem Leben öffnen. Das deutet sich im Markusevangelium auch darin an, dass es die Johannestaufe auffallend relativiert. Johannes taufe mit Wasser; beinahe könnte man heraushören, er koche nur mit Wasser. Das Eigentliche brachte der Größere. Er hat sich uns gezeigt. Wir sollen durch die Taufe mit dem Heiligen Geist auf den Geschmack kommen, wie sehr uns Gott liebt.

In keinem Menschen ist die Nähe Gottes dichter geworden als in Jesus, mit dem Gott war (Apg 10,38), bzw. in dem Gott mit seiner ganzen Fülle wohnte (Kol 1,19). Und kein anderer Mensch lebte seinerseits so aus dieser Nähe zu Gott wie er. Sie war für ihn wie eine Taufe, die sein ganzes Leben, bis in den Tod hinein, bestimmte, bis in einen Tod, der von letzter Grausamkeit war, unter der Gott, der Vater, selbst mitlitt. Ein Tod, eine Hinrichtung, die der Vater in Auferstehung und Leben wandelte. Damit stehen wir nicht mehr am Anfang, sondern *am Ende* des Evangeliums unseres Herrn Jesus Christus – eines Anfangs und eines Endes, von denen her wir unser Leben deuten und leben sollen.

Was heißt ewiges Leben? Joh 17,1-11a

Das ist das ewige Leben: dich, den einzigen wahren Gott, zu erkennen und Jesus Christus, den du gesandt hast.

Im Johannesevangelium 17,1-11a werden wir unvermittelt in die Dichte der Beziehung Jesu zu seinem Vater und des Vaters zu seinem Sohn hineingenommen, in eine Dichte, die uns wohl überfordert. Noch dazu dann, wenn sie, was paradox erscheint, in einer Sprache präsentiert wird, die dazu angetan ist, uns zu langweilen. „Vater, die Stunde ist da, verherrliche deinen Sohn, damit der Sohn dich verherrlicht."

Die Stunde ist da – das klingt dramatisch. Endgültiges kündigt sich an, aber was dann in immer neuen Wendungen vom Verherrlichen des Sohnes durch den Vater und des Vaters durch den Sohn gesagt wird, dem können wir nur schwerlich Dramatik entnehmen. Uns befällt davor eher Verlegenheit, Sprachlosigkeit. Wenn es so wäre, wäre uns daraus kein Vorwurf zu machen. Das Problem allerdings wäre dann, dass aus diesem Evangelium für uns nichts Ersprießliches herüberkäme. Warum begegnet es uns aber dann in der Heiligen Schrift?

Wenden wir uns diesem Text zu. Denn er kann und will uns Wichtiges sagen. Ein Problem besteht allerdings gleich zu Anfang darin, dass wir meinen könnten, hier spräche und betete der Auferstandene, der dabei sei, in die Herrlichkeit des Vaters zurückzukehren. Tatsächlich aber handelt es sich um die Eingangssätze einer längeren Abschiedsrede, die Jesus vor seinem Leiden als Gebet seinem Vater vorträgt.

„Die Stunde ist da." Damit setzt Jesus ein existentielles Signal. Hochschwangere zum Beispiel wissen, was es bedeutet, wenn ihre Stunde da ist. Wenn sie in den Kreißsaal müssen und sie unter Wehen und Schmerzen ihrer Stunde entgegenfiebern. Ähnlich war jetzt auch für Jesus seine Stunde da, in der sich seine gesamte Sendung, sein gesamter Auftrag wie in Presswehen komprimierte. Nein, nicht wie in

Presswehen. Es war die Stunde, in der seine ganze Sendung auf den Punkt kam, in der wie in einem Brennpunkt das Ganze *da* war, was das Evangelium die Verherrlichung des Vaters durch den Sohn und des Sohnes durch den Vater nennt.

Es kann sein, dass wir immer noch wenig Dramatisches daran erkennen können, weil dieser Brennpunkt in den Begriff der *Herrlichkeit* bzw. der *Verherrlichung* gefasst ist. Wir müssen uns dieses Wort erst erarbeiten, um auf seinen Geschmack zu kommen. Herrlichkeit verweist gewiss auf Erhabenheit, auf Macht und auf Pracht, in dem Fall als Eigenschaften Gottes, die in ihm selbst liegen. Sie bezeichnen sein Wesen. Aber sie bezeichnen auch den *in Jesus Christus* sichtbar und offenbar gewordenen Gott, also seine in der Menschwerdung sichtbar gewordene Menschenfreundlichkeit. Dabei war das keine die Menschen blendende, sie durch ihren gleißenden Glanz erschreckende Sichtbarkeit, sondern eine, die sich allein dem Auge des Glaubens erschließt, die nur dem Glauben zugänglich ist. Dem leiblichen Auge bleibt sie unsichtbar. Wer sich aber dieser Nähe Gottes existentiell öffnet, der lebt, wie Jesus sagt, das ewige Leben.

Wieder könnten wir beim Begriff *ewiges Leben* abwinken und sagen, das habe Zeit, das betreffe die Zeit nach unserem Tod. Doch Jesus bestimmt das *ewige Leben* ganz anders. Er sagt: „Das ist das ewige Leben, dass sie dich, den allein wahren Gott, erkennen und Jesus Christus, den du gesandt hast.“ Damit ist der Inhalt der Sendung Jesu – bzw. die Verherrlichung des Vaters und die des Sohnes durch den Vater – klar benannt: den allein wahren Gott zu erkennen und seinen Sohn Jesus Christus.

Dafür hat Jesus gearbeitet, dafür hat er gelebt und dafür ist er in den Tod gegangen. Das hat mit unserem Leben zu tun. Das will mit unserem Leben zu tun bekommen, indem wir uns dem im Glauben öffnen. Gewissermaßen automatisch geschieht da nichts. Das macht das Evangelium deutlich. Gewiss sagen wir, dass Jesus zu allen Menschen gesandt war und seine Sendung menschenoffen und unbegrenzt ist. Zumal das Zweite Vatikanische Konzil hat diese Unbegrenztheit seiner Sendung herausgestellt. In seinem Abschiedsgebet an den Vater aber hat Jesus *die* Menschen vor Augen, die sein Wort angenommen haben, die ihm geglaubt haben. Sie hätten erkannt, wie untrennbar er mit dem Vater eins war in der Verkündigung seines Evangeliums. In diesem Sinn haben wir den Satz zu verstehen, dass alles, was des Vaters ist, auch dem Sohn gehört. Da geht es nicht um eine Besitzinanspruchnahme, sondern um beider Zusammenwirken im Prozess der Offenbarung. Die Glaubenden hätten die Worte Jesu als Worte des Vaters angenommen, sie hätten im Glauben erkannt, dass der Sohn vom Vater ausgegangen ist.

In der Tat war Jesus bei seiner Abschiedsrede mit seinen Gedanken bei denen, die ihm Glauben geschenkt hatten. Für sie bitte ich dich, sagt er. Nicht für die Welt bitte er. Das mag in unseren Ohren befremdlich klingen. Aber das hat keinen befremdlichen Beigeschmack. Jesus bittet für die, die sein Offenbarungswerk in seinem Namen an die Menschen weitertragen, jetzt, da er zum Vater geht. Er sei alsbald nicht mehr in der Welt, sie aber seien in der Welt und würden sein Werk fortsetzen. „Ich aber gehe zum Vater.“ Was dabei beinahe untergehen kann bzw. von uns unbemerkt bleiben kann, ist die erstaunliche Tatsache, dass das Johannesevangelium den Tod Jesu unter die Formel *der Verherrlichung* fasst. So beherrscht und ergriffen ist es von der Dominanz des sich in Christus endgültig offenbarenden Gottes.

Wie gehen wir mit dem um? Bleibt das alles zu schwierig für uns? Vielleicht doch nicht. Zum einen kann uns klar werden, wie eng nach dem Johannesevangelium der Vater und der menschgewordene Sohn miteinander verbunden sind. Aus ihrer Beziehung spricht eine egalitäre Wechselseitigkeit. „Ich und der Vater sind eins“ (Joh 10,30). Dieser Einheit von Vater und Sohn sollen wir uns im Glauben immer wieder nähern.

Das andere, was uns nachdenklich macht, ist die Nachdrücklichkeit, mit der das Evangelium von der Notwendigkeit des Glaubens spricht. Womit inhaltlich gemeint ist – wir erinnern uns -, den einen wahren Gott zu erkennen und seinen Sohn Jesus Christus. Hier steht die Frage an, ob wir schon jemals auch nur in die Nähe *dieses* Glaubens gekommen sind? Also dieses Bekenntnis nicht nur auf die Lippen zu nehmen, sondern auf ihm unser Leben zu bauen? Hier mag die Luft unseres Glaubens dünn werden. Müssen wir nicht einräumen, dass sich unser Christ sein – was heute schon viel zu sein scheint – lediglich im Mitleben mit der Kirche äußert? Im Mitleben in der Gemeinde und ihrer Aktivitäten? Und wie viele sind das, die selbst das nicht mehr schaffen. Geben wir uns also zu früh mit uns zufrieden? Mit dem Niveau und der Intensität unseres Glaubens? Das Evangelium ruft uns zu mehr auf, nämlich darüber nachzudenken, was das für uns ganz persönlich heißen kann: den einen wahren Gott zu erkennen und Jesus Christus, den er gesandt hat.

Leben

Lebt!
Jes 55,1-3b

Neigt euer Ohr mir zu, und kommt zu mir, hört, dann werdet ihr leben.

Auf, ihr Durstigen, kommt alle zum Wasser, so setzt ein Lesungstext aus Deuterojesaja ein. Das berührt einen merkwürdig, wenn man die Bilder des Sommers 2013 vor Augen hat, die zeigten, wie weite Teile unseres Landes „unter Wasser" standen, in Thüringen, Sachsen, Sachsen-Anhalt, Bayern und anderswo. Die Medien übermittelten Bilder von überfluteten Landstrichen, von überfluteten Siedlungen. Übermittelten die Bilder von Städten, die in ihren Altstadtkernen zu ertrinken schienen. Bilder wurden übermittelt von Hilfskräften und Rettungsmannschaften, von freiwilligen Helfern und von gestressten Hochwasseropfern, die wieder einmal vor dem Nichts standen. Das Wasser kam zu schnell.

Und dann die ungewissen Tage, Wochen, Monate danach. Würde wieder an einen Neuanfang zu denken sein? Angesichts der Schäden, des Schlamms, der Zerstörungen, der fauligen Nässe?

Auf, ihr nach der Normalität des Lebens Durstigen, so könnte man die Worte des Deuterojesaja da abwandeln. Wie überhaupt bei aller Unähnlichkeit Ähnlichkeiten zwischen den Hochwassergeschädigten und den nach Babylon Entführten bestehen mögen. So schnell wie das Wasser kam das Unheil über die Bewohner Judas nicht, aber es hielt länger an. Und es mag für sie unvorstellbar gewesen sein, dass so etwas je möglich sei. Und es wurde immer wieder Wirklichkeit, wie uns die eigene Geschichte nach dem Ende des 2. Weltkriegs lehrte, als sich endlose Flüchtlings- und Vertriebenenströme über Europa ergossen.

Die aus Juda nach Babylon Zwangsumgesiedelten hatten bald alle Hoffnung auf eine Wende verloren. Sie hatten sich im Stillen mit ihrer Lage abgefunden, hatten resigniert. In der ersten Zeit mögen sie noch Hoffnung gehabt haben. So wehrten sie sich, vor ihren „Peinigern" Lieder auf Jerusalem und ihre Heimat zu singen, es hätte ihnen das

Herz gebrochen. Je länger aber ihr Exil anhielt, umso mehr machte sich Resignation breit.

Bis einer auftrat, der den Mut zu aufmunternden Worten hatte: Auf, ihr Durstigen, kommt alle zum Wasser! Er sprach nicht in Betrugsabsicht, um in den Menschen erst Hoffnungen zu wecken und sie dann in umso tiefere Verzweiflung zu stoßen. Nein, er sprach vor dem Hintergrund einer kollektiv erinnerten und bewahrten Erfahrung, die in das genetische Programm der Menschen eingebrannt war: *die Rettung am Schilfmeer, der Auszug aus Ägypten*. Damals dankten sie ihrem Gott, der sich Mose, ihrem Anführer, als der Ich bin der „Ich-bin-da“ kundgetan hatte. Diese Rettungserinnerung bildete die Folie, auf der ein wiederum von Jahwe Berufener den Menschen in Babylon Mut machte, Gott verlasse sie nicht, er habe sie nicht vergessen, und auch sie hätten ihn nicht vergessen.

Der Prophet sagt das in eindrücklichen Bildern, die deutlich machen, dass auf Gott zu setzten nicht heißt, lediglich die Hände zu falten, fromm zu sein in einer Haltung, die Beiwerk am Leben, aber nicht das Leben selbst ist. Nein, er sagt, Gott interessiere sich wirklich für ihr Leben, ihm liege an ihnen, auch wenn den Betroffenen in ihrer Situation daran zu glauben, fast alle Kraft fehlte. Wie sollten sie wieder auf die Beine kommen, wo sie doch wieder ganz von vorne anfangen müssten?

Macht euch keine Sorge, sagt der prophetische Mann. Auch wer kein Geld hat, wie ihr alle, der komme und kaufe Getreide, kaufe Milch, ohne zu zahlen, ohne Bezahlung. Ja, nicht nur die zum Leben unmittelbar notwendigen Dinge gibt es, sondern auch die Dinge, die das Leben schön machen, wie der Wein, der das Herz des Menschen erfreut.

Der Prophet spricht von den wichtigen Lebensbedürfnissen der Menschen, um die die Gedanken bei Hunger und Durst kreisen. Das komme zuerst. Erst müssen die Grundbedürfnisse befriedigt werden. Ganz so, wie der amerikanische Präsident Truman im Blick auf das ausgeblutete, verstörte und hungernde Nachkriegs-Deutschland sagte: Hungernde Völker sind schlechte Demokraten. Und er kurbelte den

Marshall-Plan an. Ebenso rückt der Prophet erst die Grundbedürfnisse der Menschen in den Vordergrund. Die haben Priorität.

Aber dann erweitert er den Blick. Er fragt die Menschen, ob sie allein von der Befriedigung dieser Grundbedürfnisse leben können. Wird euch das, was ihr eines Tages wieder für euer Geld werdet kaufen können, wirklich satt, lebenssatt machen? Habt ihr nicht darüber hinausgehende Bedürfnisse? Und wieder kleidet der Prophet die darüber hinausgehenden Bedürfnisse in deftige Bilder leiblicher Befriedigung: in das Bild, das Beste zu essen zu haben, sich an fetten feisten Speisen zu laben. Seine Hörer merken, dass das Bilder für Bedürfnisse sind, die nicht mit Essen und Trinken, nicht durch Feten und Events zu befriedigen sind. „Neigt euer Ohr mir zu, kommt zu mir und hört! Hört auf mich, entdeckt mich, dann werdet ihr leben."

Es sind Worte, die uns ganz ähnlich von Jesus überliefert sind: „Wer Durst hat, der komme zu mir, und es trinke, wer an mich glaubt" (Joh 7, 37). Das sind keine Vertröstungsworte, die wir wie Register vor Menschen ziehen dürften, die erst Sandsäcke gegen das Wasser gestapelt haben und dann nach dem Ablaufen des Wassers Wasser und stinkenden Schlamm wegschaffen und erst langsam das ganze Ausmaß der Zerstörungen erkennen. Da sind *helfende Hände* gefragt, da sind unbürokratische Maßnahmen des Staates gefragt. Da sind Geduld und die Kraft gefragt wieder anzufangen. Die Grundbedürfnisse des Lebens sind zu befriedigen nach Trinkwasser, nach trockenen Wohnungen, nach Lebensqualität.

Aber solche Chaostage können einen auch nachdenklich machen, jedenfalls in einem gewissen Abstand zu solchen Tagen, in der Phase der Verarbeitung. Wie ist das überhaupt mit meinen menschlichen Grundbedürfnissen? Kann ich sie überhaupt befriedigen? Bin ich jemals satt? Verspüre ich nicht etwas in mir, in meinen Bedürfnissen, was über sie hinausweist auf etwas Ausstehendes, etwas Erhofftes, etwas nicht von mir, von uns Machbares? Was mehr, was anders ist als alles Bekannte? Ob es nicht das ist, was der Prophet im Bild des Vertrauens auf Gott ausdrückt? Gewiss, daran können wohl nur die allerwenigsten unmittelbar anschließen. Aber etwas Einladendes bleibt davon als Geschmack auf der Zunge zurück, was wiederum die allerwenigsten einfach als Quatsch und Illusion abtun dürften.

Es ist ein Vorgeschmack, Deuterojesaja zu folgen und uns in ein wahres, volles Leben hineinzuwagen, im Vertrauen auf Gott, den Unbekannten und dann manchmal so unerkannt Nahen in unserem Leben? Lebt!, so ergeht seine Einladung an unser Ohr.

Unsere wahre Lebensquelle
Joh 4,5-30; 39-42

Wer von dem Wasser trinkt, das ich ihm geben werde, wird niemals mehr Durst haben; vielmehr wird das Wasser, das ich ihm gebe, in ihm zur sprudelnden Quelle werden, deren Wasser ewiges Leben schenkt.

Es könnte sein, dass das lange 4. Kapitel des Johannesevangeliums für uns nur an einer Stelle eine gewisse Spannung erzeugt, nämlich dort, wo Jesus, nach unserem Eindruck, unvermittelt die Frau nach ihren Männern fragt. Männergeschichten oder Frauengeschichten, die sind immer interessant. Jetzt scheint es peinlich zu werden. Nun scheint das schöne unverbindliche Wortgeplänkel zwischen Jesus und der Frau vorbei zu sein. Aber nein, es mag uns enttäuschen. Es geht ganz anders weiter. Und wie, dafür reicht möglicherweise unsere Aufmerksamkeit schon nicht mehr.

Auf die richtige Fährte kommen wir, wenn wir registrieren, dass sich Jesus hier an den sogenannten *Jakobsbrunnen* gesetzt hat, an einen Brunnen, der im Griechischen mit einem Wort umschrieben ist, das – im Gegensatz zu unserer Brunnenvorstellung – nicht an einen gefassten Brunnen, sondern eher an *fließendes Wasser*, an eine Quelle denken lässt, aus der Bäche, ja Flüsse hervorgehen. Noch bevor also überhaupt ein Wort gewechselt wird zwischen Jesus und der Frau, deutet das Johannesevangelium bereits symbolisch an, dass *Jesus* – an diesem Brunnen sitzend – nichts anderes ist als *die lebendige Quelle*, als das lebendige Wasser in Person. Dann erst kommt die Frau dazu, die Wasser schöpfen will.

Zwischen ihnen entwickelt sich einer der für das Johannesevangelium typischen Dialoge, die in manchem der Doppelbödigkeit der Dialoge auf Bauerntheaterbühnen ähneln. Doch ernsthaft: Jesus hat Durst und bittet um Wasser. Die Frau wundert sich, von Jesus, einem Juden, angesprochen zu werden, und gibt ihrer Verwunderung Ausdruck. Mit der Antwort Jesu beginnt die Doppelbödigkeit des Dialogs; sie macht den Dialog für uns in gewisser Weise amüsant.

Wir sind dem Verstehen und den Antworten der Frau immer um eine Elle voraus. Wir wissen schon, mit wem sie spricht; sie aber nicht. „Wenn du wüsstest, wer zu dir gesagt hat, gib mir zu trinken!“ Sie weiß es eben nicht. „Du hättest ihn gebeten, und er hätte dir lebendiges Wasser gegeben.“ Das will der Frau nicht in den Kopf. Erst selber um Wasser zu bitten und dann zu behaupten, man hätte selber Zugang zum lebendigen Wasser? Ohne Schöpfgefäß? Wie soll das gehen?

Jesus hat die Frau gewissermaßen in ein sokratisches Frage- und Antwortspiel verwickelt. Ihre „Denke“ ist angesprungen. Sie kommt ins Fragen. Für einen Moment entfernt sie sich tatsächlich vom realen Brunnen, als finge sie bereits an, Jesus zu verstehen: „Bist du größer als unser Vater Jakob?“ Aber dann kehrt sie augenblicklich wieder zum realen Brunnen zurück. Jesus macht einen erneuten Anlauf: Wer aus diesem Brunnen trinkt, der kommt wieder, um seinen Durst zu löschen, um Wasser zuschöpfen. „Wer aber von dem Wasser trinkt, das ich ihm gebe,“ – hier spricht Jesus zum ersten Mal in der Ich-Form – „wird niemals mehr Durst haben.“ Der wird selbst zu einer Wasserquelle, zur Quelle sprudelnden Lebens. Vergeblich. Die Frau begreift nicht. Sie begreift nur im Horizont ihrer Erwartungen: Ja, das wäre schön, dann könnte ich mir in Zukunft den Weg hierher ersparen und hätte immer Wasser zu Hause.

Nach diesem beharrlichen Missverstehen ändert Jesus seine Gesprächstaktik. „Schau mal dein Leben an, wie viel ungestillte Lebenssehnsucht aus deinem Leben spricht! Deine Männergeschichten, merkst du es nicht selbst, können die deinen Lebenshunger und deinen Lebensdurst sättigen und stillen? Nicht um Männergeschichten geht es hier, sondern um das Bemühen Jesu, dass die Frau erkenne, dass sich in ihrem Leben *ungestillter Hunger* und *ungestillter Durst* melden. Und das nicht zu knapp. Sie scheint zu begreifen. Ihr Lebenssinn ist angesprochen, und prompt verhandelt sie diese Frage als *religiöse* Frage. Sie tut dies, indem sie die Frage aufwirft, wo und wie man eigentlich Gott richtig anbete. Darin folgt sie keinem taktischen Ausweichmanöver vor persönlich-peinlichen Fragen Jesu. Im Gegenteil: Ihr Gesprächsverhalten macht auf etwas Wichtigeres aufmerksam: Wenn sie in diesem Mann schon so etwas wie einen „Propheten“ vor sich hat, dann liegt es doch nahe, sich mit ihm über religiöse Sachverhalte zu unterhalten. Mit anderen Worten: Ihr eigenes Leben schien ihr *keinen geeigneten Stoff*, keinen Erfahrungsstoff, zu liefern, um daraus religiöse Fragen zu vernehmen. Das Religiöse – das war für sie ein Bereich außerhalb ihres Lebens.

Von diesem falschen Blick auf ihr Leben führt Jesus sie weg, und es scheint ihm zu gelingen. Es komme nicht darauf an, wo man Gott anbete, ob auf dem Berg Garizim oder auf dem Berg Zion. Es komme darauf an, dass es „im Geist und in der Wahrheit“ geschehe. Ungebildet und uninteressiert war diese Frau offensichtlich nicht. Denn sie litt wie viele ihrer Mitbewohner daran, dass die religiöse Elite in Jerusalem den Jahwekult auf dem Berg Garizim gewaltsam unterbunden hatte, indem sie das dortige Jahwe geweihte Heiligtum dem Erdboden gleichgemacht hatte.

Die Antwort Jesu, es komme darauf an, Gott „im Geist und in der Wahrheit“ anzubeten, können wir so deuten, dass es darum gehe, die Suche nach Gott aus den Erfahrungen des eigenen Lebens aufzunehmen und geerdet im eigenen Leben zu Gott zu beten. Die Suche nach Gott müsse von der Erfahrung des Lebens als der Wahrheit des Lebens getragen sein. In dem Moment scheint die Frau begriffen zu haben. Sie formuliert eine erstaunliche Vermutung, die Jesus nur noch zu bestätigen hat. Ob nicht der *Messias*, wenn er komme, genau über *solche Dinge* reden werde? Genau diese Einsichten den Menschen erschließen werde? Jesus kann das nur direkt bestätigen: „Ich bin es, ich, der mit dir spricht.“

Wir können das Weitere außer Acht lassen, weil das bisher Bedachte schon genug zu denken aufgibt. Jesus erscheint in diesem Evangelium als Quelle des Lebens. Seine Gabe stillt das Lebensverlangen, sie bringt im Menschen das Leben hervor. Haben wir das je schon einmal in unserem Leben erfahren? Noch deutlicher: Sind wir schon einmal in die Nähe der Erfahrung gekommen, dass *aus uns* aufgrund unserer Nachfolge Jesu *sein Leben sprudelt*?

Sagen wir nicht, das seien Zumutungen für uns. So fromm seien wir nicht. Wo kämen wir da hin, uns als sprudelnde Quelle zu verstehen?

Wir sollten unsere diesbezügliche Reserviertheit aufgeben. Schon bei Jesaja ergeht die Aufforderung an uns: „Auf, ihr Durstigen, kommt alle zum Wasser“ (Jes 55,1). Wenn wir die Nähe Jesu suchten, das heißt, aus seiner realen Gegenwart als Auferstandener lebten, wenn er zur Quelle unseres Lebens würde, dann gingen wir – respektlos gesagt, *nicht baden*, sondern gerieten mehr in den Sog eines Satzes, den wir später im Johannesevangelium lesen: „Wer an mich glaubt, aus dem werden Ströme lebendigen Wassers fließen“ (Joh 7,38).

Unser Leben kann lebendiger werden, will lebendiger werden. Es wird nicht blasser, fahler, farbloser, je mehr wir als Christinnen und Christen leben. Vielleicht wirkte es auf uns schon belebend, wenn wir die Ansage Jesu von der sprudelnden Quelle als Ansage über unser Leben akzeptierten, wenn wir von ihr her unser Leben deuteten. In uns, in mir sprudeln Quellen des Lebens, die nicht von mir kommen, die nicht von mir gespeist sind. Nehmen wir unser Leben einmal vorbehaltlos ins Visier. Werden wir dann nicht da und dort tatsächlich gewahr, dass daran etwas ist? Was an ihm reich, wichtig und wertvoll ist, kommt es uns nicht häufig wie ein Geschenk zu? Es verdankt sich nicht unseren eigenen, manchmal verkrampften Anstrengungen.

Schütteln wir also das Wasser des Lebens nicht wie nasse Pudel von uns ab. Lassen wir es in uns eindringen und dann aus uns heraustreten. Die Frau am Jakobsbrunnen hat das offensichtlich richtig gemacht. Sie wurde, in der Belastetheit ihres Lebens, zum Überbringer der Jesusbotschaft. Tun wir es ihr gleich.

Jesus der Beter
Lk 11,1-13

Herr, lehre uns beten!

Dass Jesus ein Beter war, ein „großer" Beter, wie wir versucht sein könnten zu sagen, wenn das nicht gleichzeitig einen gewissen Beigeschmack hätte, das bezeugen viele Stellen in den Evangelien. Jesus der Beter, das ist auch aus dem Satz in Joh 10,30 herauszuhören: „Ich und der Vater sind eins." Jesus der Beter. Von ihm waren die Jünger berührt. Nicht immer und durchgehend, denn die umtriebige Art seines Auftretens mochte die Jünger manchmal zu Hektik und Aktivismus verleitet haben. Dann erinnerten sie sich oder mochten davon gehört haben, dass die Jünger des Johannes des Täufers viel beteten (vgl. Lk 5,33). Und sie hatten wiederholt Jesus erlebt, sie waren davon fasziniert, wie er betete, wie er im Gebet mit Gott, seinem Vater, eins wurde. Herr, bitte, bring' es auch uns bei! Bitte, lehre uns beten!

Und Jesus bringt ihnen das Vaterunser bei. Wir müssen es für uns neu bedenken, um seine Struktur und seinen Wert zu erkennen. „Vater, geheiligt werde dein Name." Jesus übernimmt darin den Anfang des so genannten jüdischen Kaddischgebetes, „geheiligt und verherrlicht werde dein großer Name", mit dem man die Schriftauslegung zu beenden pflegte. Jesus lebte *in der jüdischen Welt*, er empfand und dachte in dieser Welt, wobei er sie freilich auf unerwartete Weise auf Gott hin aufbrach und verdichtete.

Geheiligt werde dein Name: Zu Unrecht hören wir daraus eine Aufforderung an uns, Gott zu heiligen, Gott zu verehren oder Ähnliches. Damit würden wir einer falschen Fährte folgen. Diese Vaterunser-Bitte ist, trotz des grammatikalischen Passivs, eine Bitte an Gott: *Er* möge seinen Namen heiligen. *Er* möge sein Wesen zeigen, indem er uns seine Liebe und Nähe erfahrbar mache. Es ist eine Bitte an Gott, sich zu heiligen, *indem* er wirklich in unserem Leben ankommt. Dass sich an uns Ähnliches erfülle, was sich an Jesus erfüllte. In ihm war Gott angekommen. „Gott war mit ihm" (Apg

10,38), „Ich und der Vater sind eins“ (Joh 10,30) bzw. „Gott wollte mit seiner ganzen Fülle in ihm wohnen“ (Kol 1,19).

So wenig wir in der ersten Vaterunser-Bitte die Erst-Angesprochenen sind, so wenig sind wir es in der zweiten: „Dein Reich komme.“ Diese Bitte setzt die erste Vaterunser-Bitte in ein anderes Bild um, in das Bild vom Reich Gottes, das dann allerdings nicht wie eine Sprechblase über unseren Köpfen schweben, sondern unser Leben prägen und durchdringen will. Wie das geschehen kann, hat die Pastoralkonstitution *Gaudium et spes* in ihren Einleitungssätzen nachdrücklich zum Ausdruck gebracht: „Freude und Hoffnung, Trauer und Angst der Menschen von heute, besonders der Armen und Bedrängten aller Art, sind auch Freude und Hoffnung, Trauer und Angst der Jünger Christi. Und es gibt nichts wahrhaft Menschliches, das nicht in ihren Herzen seinen Widerhall fände“ (GS 1). In der Tat, wir haben es bitter nötig, die Vaterunser-Bitte in diesem Sinn zu verstehen und zu beten. Eine Bitte, für deren Verwirklichung Jesus sein Leben einsetzte. Diese Farbe soll auch unser Leben annehmen.

„Unser tägliches Brot gib uns heute.“ Fällt Jesus mit dieser Bitte aus der Rolle? Wo eben noch vom Reich Gottes die Rede war, geht es jetzt um das tägliche Brot? Nein, *wir* sind es, die wir an *Gaudium et spes 1* unser Denken neu ausrichten müssen. Gottes Dasein, Gottes Inter-esse, Gottes Dabei sein („Ich bin der ‚Ich-bin-da'“ [Ex 3,14]) ist keine fromme, aber im Grunde leere Dekoration, keine überflüssige Verzierung unseres Lebens. Er will unser Leben, das sich in den konkreten alltäglichen Anforderungen und Bedürfnissen bewähren soll. Leben, das zu atmen, zu essen, zu trinken, zu lieben, zu lachen, zu weinen hat, Tränen der Freude und Tränen des Leids.

Gib uns unser Brot. Wieder könnten wir versucht sein, aufzuspalten, Unterscheidungen anzubringen, und der Bedeutung des Brotes nicht ihre volle Bedeutung zu lassen. Mit Brot ist *alles* gemeint, was wir zum Leben, was wir vor allem zum Leben in Fülle (vgl. Joh 10,10) brauchen. Wir leben nicht allein vom konsumierbaren Brot, wir leben von jedem Wort, das aus dem Munde Gottes kommt (vgl. Mt 4,4), von jedem Wort, von jeder Geste auch menschlicher Hilfe, Annahme und Liebe. Die Vaterunser-Bitte bezieht sich in einem umfassenden Sinn auf unser ganzes Leben. So verhält es sich mit dem Reich Gottes. Die Brot-Bitte erinnert an die Art, in der Jesus Kranke heilte und in der er die Jünger aufforderte, Kranke zu heilen, zu salben. Seine Sendung, die Sendung seiner Jünger, die Sendung der Kirche ist immer umfassend auf den Menschen bezogen. Nicht umsonst hat Papst Franziskus vor einigen Monaten die angestrandeten Bootsflüchtlinge in Lampedusa besucht und ihnen Mut gemacht.

Die vierte Bitte, „Vergib uns unsere Schuld“, bindet - noch stärker als die dritte Vaterunser-Bitte - unser eigenes Verhalten in den Vergebungsprozess ein. Geradezu: In dem Maß, in dem wir anderen vergeben, vergibt uns Gott und öffnet er uns unser Leben.

Die letzte Bitte, nicht in Versuchung geführt zu werden, hat heute mehr Aktualität, als man meinen könnte. Sie war immer schon zu verstehen als die Bitte, in Situationen der Glaubensbedrängnis und Glaubensverfolgung nicht zu fallen, sondern standzuhalten. Und heute werden in nicht wenigen Gesellschaften Menschen wegen ihrer religiösen Orientierung verfolgt, nicht nur Christen, auch Schiiten, Sunniten und andere. Vertrauen wir uns in allem wie Jesus im Vaterunser dem Leben in Gott an!

Der Blick, der mehr als Dunkles sieht Mt 4,12-23

Als Jesus am See von Galiläa entlangging, sah er zwei Brüder, Simon, genannt Petrus, und seinen Bruder Andreas.

Herodes Antipas hatte Johannes den Täufer ins Gefängnis werfen lassen, und Jesus nahm das zum Anlass, sich nach Galiläa zurückzuziehen. Richtiger müsste es heißen, er zog sich innerhalb Galiläas, innerhalb des Herrschaftsbereiches des Herodes, zurück. Denn er nahm lediglich innerhalb von Galiläa einen Ortswechsel von Nazaret nach Kafarnaum vor. Nach heutigen Maßstäben ein nicht nennenswerter Ortswechsel, da die Distanz von Nazaret nach Kafarnaum kaum mehr als dreißig Kilometer betrug. Jesus fühlte sich in Kafarnaum vor Herodes sicher, sicherer als in Nazaret.

Mit einer fluchtartigen Aktion, mit einem Rückzug setzt bei Matthäus das öffentliche Auftreten Jesu ein? Als wollte er sich vor einem Zugriff zur Unzeit retten? War das wirklich der Sachverhalt? Hier darf man Zweifel haben. Vieles spricht dafür, dass es Matthäus auf etwas anderes ankam. Kafarnaum lag eindeutiger als Nazaret im ehemaligen Siedlungsgebiet von zwei der zwölf Stämme Israels, nämlich der Stämme Sebulon und Naftali. Beide Stämme aber lieferten eine Steilvorlage für die Deutung Jesu. Das Land Sebulon und das Land Naftali, das Volk, das im Dunkel lebt, so heißt es bei Jesaja, sieht ein helles Licht; ein Licht ist ihm erschienen (vgl. Jes 8,23; 9,1). Für Matthäus ist Jesus diese angekündigte Lichtgestalt. Er bringt Licht in das Dunkel der Menschen Galiläas, indem er die Botschaft vom nahen Reich Gottes verkündet.

Für unsere Ohren klingt „die Botschaft vom nahen Reich Gottes“ – selbst in der Stunde eines Gottesdienstes noch – irgendwie abgegriffen und verbraucht. Versuchen wir deshalb, es anders zu sagen: Jesus machte den Menschen in Galiläa bewusst, dass Gott in ihrem Leben da sei, im Auf und Ab ihres Lebens, dass seine Leben schenkende Gegenwart ihnen Raum eröffne, so dass sie erleichtert leben und aufatmen konnten. Und dies war nicht eine Illusion, sondern eine tragende Wirklichkeit, auf die Verlass war.

Jesus sucht sich – veranlasst durch Herodes – das Dunkel des „heidnischen Galiläas“, um dorthin Licht und Hoffnung zu bringen. Vom „heidnischen Galiläa“ ist bei Matthäus die Rede. In den Augen Jerusalems und der jüdischen Kernlande galt das Galiläa im Norden – noch mehr als Samarien – als ein Hort heidnischen Lebens, unter dem es die jüdische Rechtgläubigkeit schwer hatte, selbst wenn auch dort Synagogen das Land überzogen.

Exakt in diesem Gebiet, in diesem Reservat sozusagen religiös unmusikalischer Menschen, findet Jesus Männer, die er braucht. Wo religiös nicht viel zu gedeihen schien, da trifft er die richtigen Leute. Zwei Brüderpaare, zum einen Simon und Andreas, zum anderen Jakobus und Johannes. Fischer alle vier, die sich von Jesus wie von einem Strahl getroffen fühlen. Bei Jakobus und Johannes wird noch ihr Vater, Zebedäus, genannt, der mit ihnen im Boot sitzt. Auch seine Anwesenheit hindert sie nicht zu gehen.

Daran lassen sich manche Gedanken anschließen. Hier sei einer in den Mittelpunkt gerückt, der sich dabei nicht unmittelbar aufdrängt. Für gewöhnlich rätseln wir darüber, wie es sein konnte, dass die Vier ohne jede Vorwarnung, von jetzt auf gleich, einen so radikalen Ortswechsel in ihrem Leben vornehmen konnten. Und schon entschwinden sie uns in Höhen, in denen sie für uns nicht mehr erreichbar sind.

Stattdessen können wir an dieser Szene etwas entdecken, was mit unserem Leben zu tun hat. Wir können aufmerksam darauf werden, dass die Redewendung vom *Galiläa der Heiden* die religiösen Verhältnisse dort erheblich unterschätzt hat. Das Jesajazitat schien ganz darauf abzuheben, dass dort alles dunkel und gottfern verfinstert sei, bis mit dem Auftreten Jesu Helligkeit und Licht einsetzen. An Jesu Auftreten aber zeigt sich etwas anderes. Er erkennt das Potenzial der Menschen dort, das Potenzial eines Simon und Andreas, eines Jakobus und Johannes. Jesus hat einen Blick dafür, was in ihnen steckt, und er ruft sie in seine Nähe, in seine Nachfolge. Und sie entwickeln sich, wenn auch schwerfällig und unter Rückschlägen, und werden zu anderen Menschen. Über weite Strecken allerdings verstehen sie dabei ihren Herrn nicht, bis zuletzt, bis zu seinem gewaltsamen Tod. Simon, vom Herrn *Petrus* genannt, verleugnet ihn, andere suchen gleich das Weite. Zurückbleibt ein verschreckter Haufe, der die Türen dicht macht.

Nicht dass sich Jesus in ihnen getäuscht hatte. Er hat sie als Menschen, als Individuen mit ihren Fähigkeiten und Grenzen angenommen. Und sie sind gewachsen, unter dem Einfluss des Geistes Gottes, des Heiligen Geistes.

Was soll das mit unserem Leben zu tun haben? Ich denke, wir orientieren uns häufig im Umgang miteinander – anders als Jesus – an den dunklen und unangenehmen Seiten der anderen, an ihren Ecken und Kanten, die ihnen eigen sind. Wir machen uns von ihnen ein fertiges Bild und stecken sie in eine bestimmte Schublade. Fertig. In solchen Fällen geben in der Regel negative Erfahrungen dazu den Ausschlag. Dieser Mensch, so meinen wir, ob Ehepartner, Familienangehöriger, Nachbar oder Berufskollege, sei nun mal so. Mit ihm könne man nicht viel anfangen. Von ihm sei nichts zu erwarten. Dabei sagt uns die Psychologie, dass wir dann in der Regel unsere eigenen Fehler und Schatten auf andere übertragen, an denen sie uns stören. Das heißt, dass wir mit uns selbst kaum anders umgehen. Letztlich zeigen wir uns auf diese Weise, dass wir uns selbst – so paradox das klingt – indirekt und unbewusst *über unsere Schwachstellen und Defizite definieren*. Auf diese Weise gehen wir sowohl mit uns selbst wie mit anderen nicht gut um.

Es ist gewiss leichter gesagt als getan: Wir sollen uns und andere positiv einzuschätzen lernen und uns an dem Potenzial orientieren, das wir und andere haben. Der gute Blick auf uns selbst – Selbstliebe! – und der gute Blick auf andere, hier als Nächstenliebe verstanden, kann uns dabei helfen. Wenn uns der gute Blick anderer trifft – den Jesus auf Simon und Andreas, auf Jakobus und Johannes warf –, und wenn wir ihn auf andere werfen, dann kann das Leben vorankommen. Dann lichtet sich manches, auch wenn wir dem Lebensdunkel darüber nie ganz entkommen, wie auch die Jünger ihm nie ganz entkommen sind.

Von Jesus heißt es am Ende, er heilte im Volk alle Krankheiten und Leiden. Er blickt auch uns, schon unser ganzes Leben lang, mit diesem Blick an, der unser Wesen verändern, heilen kann. Diesem Blick standzuhalten und ihn anzunehmen, das ist unser Weg der Nachfolge.

Ich aber sage euch
Mt 5,17-37

Ich aber sage euch.

Da reden wir immer vollmundig von der Frohen Botschaft Jesu, und dabei droht er uns im Matthäusevangelium dreimal die Hölle an! Und vom lieben Gott kein Ton! Merkwürdige Sätze sind es. Jesus bedient sich einer Sprachform, zu der auch wir gelegentlich neigen: zu Übertreibungen. Nur zielen unsere Übertreibungen gern auf uns selbst. Was wir alles erlebt haben, das mache uns so schnell keiner nach! In diese Art von Übertreibungen reiht sich Jesus nicht ein. Er setzt Pointen, er überspitzt, um uns Grundzusammenhänge unseres Lebens aufzuzeigen.

Nach wenigen Sätzen kommt er zum Punkt: Tötungsdelikte liegen nicht erst vor, wenn es passiert ist. Wenn eine Frau vor den Augen ihrer Kinder den eigenen Mann und den Vater der Kinder erschießt. Wenn Selbstmordattentäter wahllos Menschen mit sich in den Tod reißen. Tötungsdelikte beginnen schleichend, in Gedanken und Worten. Sie sind die Spitze eines vor Kälte und Brutalität erstarrten Lebens, eines Eisberges, der zu menschlichen Katastrophen führt. Es beginnt mit Hass, mit Rachegedanken, die sich über Jahre hinziehen. Man wünscht jemandem den Tod. Man erklärt einen oder ganze Menschengruppen für verrückt, für nicht lebenswert, manchmal auch aufgrund großer Gedankenlosigkeit für nicht lebenswert. Zum Beispiel Embryonen mit genetischen Schäden, denen man mit Hilfe der Präimplantationsdiagnostik (PID) das Leben verweigert. So manövrieren wir unser Leben in Todeszonen. Etwa, wenn wir im privaten Bereich jemandem schwer zugesetzt, ihn übel verleumdet haben, ihn übers Ohr gehauen, hintergangen, ihm schweren Schaden zugefügt haben, dann ist das Leben anderer und unser Leben belastet. Dann ist Besinnung, dann ist Versöhnungsbereitschaft gefragt. Damit man sich nicht vor Gericht wiedersieht.

So ungefähr mag Jesus gesprochen haben. Dabei fiel kein Wort von Gott. Dafür markige Pointen, die aufzeigen, wie wahnsinnig wir uns verrennen können. Zum Beispiel in der Beziehung von Mann und Frau. Wobei das, was Jesus sagt, wechselseitig gilt, von Mann und Frau. Ein begehrender Blick. Die oder den, die hätte ich gern. Mit der oder dem könnte ich es mir vorstellen. Jesus greift zu einer kaum noch zu ertragenden Übertreibung, die wir nicht für bare Münze nehmen dürfen: Auge raus, Hand ab! Er wollte damit nicht die Scharia des Korans vorwegnehmen. Er will nur sagen: Wehret den Anfängen! Wie vorhin beim Töten. Und er sagt noch, wer aus einer Ehe geht, die Ehe verlässt und wieder heiratet, der hat eine zerbrochene Ehe hinter sich. Mit Scherben und Tränen auf vielen Seiten, und nicht selten mit einem sozialen Absturz in die Hartz-IV-Welt.

Und noch ein Drittes zieht Jesus heran: Wir sollen nicht schwören. Und zwar überhaupt nicht. Nicht beim Himmel; denn über den verfügen wir nicht. Er ist der Thron Gottes; da kommt übrigens das einzige Mal das Wort *Gott* vor. Nicht bei der Erde, sie ist sein Fußschemel. Nicht bei Jerusalem, nicht bei unserem Haupt. Über all das verfügen wir nicht. All das ist nicht wirklich unser. Nein, sagt Jesus, solche Ausgriff- und Absicherungsmanöver, um unseren Worten einen beschwörenden Nachdruck zu verleihen, sind von Übel, die wir sein lassen sollen, deren es nicht bedarf. Euer Ja sei ein Ja, eurer Nein ein Nein. Alles andere taugt nichts.

Wir könnten angesichts solcher Sätze einen entscheidenden Fehler begehen. Wir könnten sagen: Gut, dass Jesus einmal darüber gesprochen hat! Aber bei uns bleibt selbstverständlich alles beim Alten. Nein, Jesus befasst sich *mit unserem Leben*, mit dem, was uns unterschwellig antreibt und drängt. Was uns auf Abwege führt, auch wenn nach außen alles in Ordnung zu sein scheint. Bis die zerstörerische Dynamik nach außen aufbricht. Jesus fordert uns auf, uns um einen selbstkritischen Blick auf unser Leben zu bemühen. Allerdings tut er das in maßloser Übertreibung, aber eben, um uns zur Vernunft zu bringen.

Dabei dürfen wir seine Rede nicht für eine moralische Rede halten. Nach dem Motto: Reißt euch endlich am Riemen, dann geht das schon! Dann wären wir auf seine Übertreibungen gewissermaßen hereingefallen. Seiner Rede geht als Überschrift der Satz voraus:

Unsere Gerechtigkeit soll größer sein als die der Schriftgelehrten und Pharisäer. Damit will er nicht den Stand der Schriftgelehrten und Pharisäer beleidigen, erst recht sollen wir uns nicht ermuntert fühlen, heute in unserer Gesellschaft einen scheelen fremd-misstrauischen Blick auf jüdisch-orthodoxe Mitbürger zu werfen. Unsere Gerechtigkeitsvorstellungen sollen andere Wege einschlagen. Unser Bemühen, richtig zu leben, soll in dem Vertrauen gründen, dass Gott *auf der Seite unseres Lebens* und nicht gegen uns steht. Unser Bemühen soll darin gründen, dass *nicht wir* unserem Leben Sinn geben, sondern dass *Gott* unserem Leben längst Sinn gegeben hat. Mit anderen Worten: Wir dürfen im Raum der Geborgenheit, der Annahme, der Liebe durch Gott leben. Im Raum der Freiheit der Kinder Gottes. In diesem Raum sollen wir unser Leben gestalten.

Zeichen

Leere Phrasen?
Jer 23,5-8

In jenen Tagen wird Juda gerettet werden, Israel kann in Sicherheit wohnen. Man wird ihm den Namen geben: Der Herr ist unsere Gerechtigkeit

„Seht, es kommen Tage – Spruch des Herrn..." Kann uns ein Text, der so beginnt, überhaupt erreichen? Verfügen wir über die Hörfähigkeit, solche Sätze in einer Weise bei uns ankommen zu lassen, dass wir ihnen Ernsthaftigkeit und Bedeutung beimessen, auch wenn wir im ersten Augenblick nicht sagen könnten, in welcher Richtung die Bedeutung dieser Sätze für uns liegen sollte? Ich hätte Verständnis, wenn mancher sich an eine Comedy-Bühne erinnert fühlte, die sich dieser Sätze bedient. Und sie hätte die Lacher auf ihrer Seite.

Es ist wohl einfach so, dass diese Sprache, „Seht, es kommen Tage", uns erst einmal befremdet. Das klingt, gemessen an unserer Alltagssprache so abseitig, so andersartig. Das macht es ja auch aus, warum solche Sätze auf der Comedy-Bühne immer Lacherfolge haben. Man lacht über ihre Andersartigkeit, man kann sie nicht gleich einordnen. Aber damit ist es nicht getan. Da steckt gleichzeitig mehr dahinter. Solche Sätze vermögen, wenigstens ansatzweise, auch zu verunsichern, einen neuen Horizont zu eröffnen, in tiefere Dimensionen vorzudringen, die nicht unbedingt an der Oberfläche unseres Alltags liegen, aber gleichwohl in uns zum Klingen gebracht werden können. Bei dem einen stärker, bei dem anderen schwächer.

Wir sind in der Regel wohl kaum in der Lage, aus Sätzen wie diesen, „Seht, es kommen Tage – Spruch des Herrn" mehr herauszuhören als frömmelnden Schall und Rauch. Unsere ablehnende Reaktion ist weniger auf unsere mangelnde Bibelkenntnis zurückzuführen, dass wir nicht sofort wüssten, in welche genaue historische Situation solche Worte hineingesprochen sind. Über die Historie könnten wir uns ja kundig machen, aber all zuviel gewonnen hätten wir dann auch noch nicht. Denn blieben wir für einen Moment bei der Historie des Propheten Jeremia, bei seiner Begegnung mit den damaligen

Herrschern Jerusalems – mit Joschija (641-609), mit Jojakim (609-597) und mit Zidkija (597-586); allein deren Namen dürften uns wie spanische Dörfer vorkommen -, wir hätten daraus kaum etwas gewonnen. Aber darum geht es auch nicht.

Es geht vielmehr trotz der Sprachbarrieren um eine Vermittlung zwischen den Erfahrungen des Jeremia und unseren Lebenserfahrungen. Diese Vermittlung lohnt den Einstieg in diesen Text.

„Seht, es kommen Tage“ – die Menschen aller Zeiten, also auch von heute, sind offen für Visionen und Verheißungen, zumal wenn sie in schlechte, entbehrungsreiche und ungewisse Zeiten hineingesprochen sind. Jeremia hat in eine vollkommen trostlose Zeit hineingesprochen. Jerusalem war mehr oder weniger entvölkert. Der König, die führenden Leute der Gesellschaft bis weit hinein in das gewöhnliche Volk waren im babylonischen Exil. Die Ordnung lag danieder. An ein geregeltes Leben mit Jahweverehrung, Tempelkult und Führung durch einen gerechten Herrscher war nicht zu denken. Alle Drähte zu einem geregelten Leben in Jerusalem schienen ein für alle Mal gekappt.

Es werde sich alles ändern! Ein König werde kommen, die Leute würden aus der Verbannung nach Hause zurückkehren, Sicherheit werde sich breit machen! Nicht als Folge menschlicher Tüchtigkeit und politischer Klugheit, sondern als Geschenk des Herrn. Und den König werde man mit dem Ehrentitel versehen: „Der Herr ist unsere Gerechtigkeit.“ Diese Rettung werde sogar die staatsbegründende Rettung des Volkes aus Ägypten und seinen Durchzug durch das Meer noch übertreffen.

Sollen wir uns einer Erfahrung aussetzen, die damals die Exilierten machten? Gut, Anlass zu Ängsten und Sorgen gibt es heute genug, die man nicht einfach mit der süffisanten Bemerkung abtun darf, die Deutschen seien ja schon lange dafür bekannt, auf hohem Niveau zu jammern. Ohne Frage, berechtigte Sorgen gibt es genug. Für viele geht es um den Arbeitsplatz, um gerechten Lohn, um die Altersvorsorge. Familien und Kinder hängen daran. Manche empfinden außerdem eine unbestimmte Angst vor terroristischen

Gefahren, die von deutschen Dschihadisten ausgehen, die sich in Syrien und anderen Ländern des Nahen Ostens ausbilden lassen. Ängste lähmen. Andere sprechen vom „Kampf der Kulturen" bzw. sogar vom „Kampf der Religionen". Nur sollten wir hier keiner Fehleinschätzung erliegen. Es gibt Exponenten der islamischen Welt, allen voran die verschiedenen Ableger von Al Qaida, die Gewalt und Angst schüren. Aber der muslimische Nachbar neben uns ist von Gewaltexzessen ebenso weit entfernt wie wir.

Wir könnten die Liste heutiger Sorgen und Ängste beliebig fortsetzen. Nur, wie sollten sie mit den Verheißungsworten des Jeremia in Zusammenhang zu bringen sein? Gewiss, in keinen unmittelbaren Zusammenhang. Es wird also niemanden geben, der hintritt und sagen würde, Jahwe werde alle unsere aktuellen Gesellschaftsprobleme lösen. Und wenn es einer täte, würde man sich um seine psychische Gesundheit Sorgen machen und ihn aus dem Verkehr ziehen.

Gleichwohl, etwas bleibt, worauf der Jeremiatext indirekt hinweist. Es geht in diesem Text um beinharte, alltagsbezogene Fragen, um die Aussichten, wieder menschenwürdig zu leben, womöglich in den eigenen vier Wänden, in gerechten gesellschaftlichen Verhältnissen, im Einklang mit dem Glauben an den rettenden Gott Jahwe. Diesen Fokus, diese Perspektive dürfen wir nicht übersehen. Das durch Jahwe ermöglichte geordnete neue Leben *hier auf Erden* ist die Perspektive bei Jeremia! Es ist sogar seine einzige! Danach komme Tod, Finsternis, Scheol. Jeremia lebt in einer Zeit, in der der Glaube an ein Leben nach dem Tod, an so etwas wie Auferstehung in Jerusalem *weitgehend unbekannt* ist. Der Glaube, der gewissermaßen einen Lebensraum jenseits des Todes eröffnete, brach sich erst Jahrhunderte später Bahn. Und zwar weniger im Zentrum der religiösen Macht, in Jerusalem, als mehr auf dem flachen Land, wo die Pharisäer die Exponenten dieser neuen Hoffnung wurden. In Jerusalem hingegen hatten *die Sadduzäer* das Sagen, die sich für die reine Lehre des Jahweglaubens verantwortlich fühlten und sich in der heftigen Bestreitung eines Lebens nach dem Tod als die *Lordsiegelbewahrer des reinen Glaubens* vorkamen.

Vor diesem Hintergrund wird verständlich, warum Jeremia nicht Jenseitshoffnungen, sondern die Erfüllung realer irdischer Hoffnungen in Aussicht stellte.

Was ergibt sich daraus für uns? Offensichtlich dies, dass wir uns im Bereich unserer Möglichkeiten für Gerechtigkeit und Solidarität einsetzen. Hier eröffnen sich gerade im Bereich der Zivilgesellschaft viele Möglichkeiten von freien Initiativen, der Gründung von sozialen Netzwerken und dergleichen. Sich hier ein waches Auge und ein waches Ohr zu bewahren, das geht in die Richtung der Intentionen, mit denen Jeremia damals vor die Leute trat.

Nur dürfen wir hier *nicht zu Machern* werden wollen. Wir dürfen nicht der Ideologie erliegen, als könnten *wir* die bessere und endgültig gerechte Welt schaffen. Es ist exakt keine Vertröstung auf ein Danach, wenn wir einsehen müssen, dass unser Leben sowohl im privaten wie im gesellschaftlichen Bereich nie wunschlos aufgehen wird. Mit uns ist immer schon mehr unterwegs, ein Mehr an Bedürfnissen und an Bedürftigkeit, das nicht durch einen noch so tollen und gerechten „Wohlstand für alle“ saturiert werden kann. Das häufig zitierte Wort aus dem Johannesevangelium, „Ich bin gekommen, damit sie das Leben haben und es in Fülle haben“ (Joh 10,10), zielt nicht auf eine pralle Lebensfülle, in der wir unseren feisten Wams vor uns hertragen und im Wohlstand schwimmen. Die „Fülle“, von der in Joh 10,10 die Rede ist, meint keinen Speckgürtel, den wir uns anfüttern (um dann zu merken, dass mit ihm nicht die Fülle, sondern unsere gesundheitlichen Probleme wachsen!). Sie meint unsere existentielle Offenheit für mehr, für einen Wirklichkeitsbereich, den uns nur Gott eröffnen kann. Den er uns bereits in diesem Leben eröffnet, den er aber zum Abschluss, zur Fülle bringen wird im Jenseits des Lebens.

Auf diese Zusammenhänge den Blick zu richten, ist kein Verrat an den bodenständigen alltagsorientierten Verheißungen des Jeremia. Unser Glaubensblick hat sich im Laufe der jüdisch-christlichen Glaubensgeschichte geweitet auf einen geweiteten Horizont. Zumal in der Auferstehung Jesu sind wir in diesen Horizont eingetreten. Wir leben *unter der Gegenwart des Auferstandenen* unser Leben. Das ist keine Vertröstung auf später, über der wir die Herausforderungen des heutigen Lebens übersähen. Indem wir gerecht und solidarisch leben, schwenken wir auf die Handlungslinie ein, in der Gott nach den Worten des Propheten Jeremia damals an den Menschen rettend gehandelt hat. Sie erreichten das Heimatland. Das wird dann auch von uns gelten: „Dann werden sie in ihrem Heimatland wohnen" (Jer 23,8).

Fischfang – ein Bild
Lk 5,1-11

Als Jesus seine Rede beendet hatte, sagte er zu Simon: Fahr hinaus auf den See! Simon antwortete ihm: Meister, wir haben die ganze Nacht gearbeitet und nichts gefangen. Doch wenn du es sagst, werden wir die Netze auswerfen. Das taten sie, und sie fingen eine so große Menge Fische, dass ihre Netze zu reißen drohten.

Lk 5,1-11 ist eine Geschichte, die man als Gleichnis lesen muss. Eine Geschichte, die Lukas entwirft, um uns mit ihr an etwas Wichtiges heranzuführen. Dabei müssen wir über den Rand der Erzählung hinausblicken. Voraus geht, dass Jesus im Haus eines Simon, des späteren Simon Petrus, der Jesus noch kaum kannte, dessen Schwiegermutter geheilt hatte. Das hatte Simon nicht einfach weggesteckt, das muss ihn, und manch andere auch, auf nachdenkliche Weise auf diesen Jesus aufmerksam gemacht haben.

Da setzt unsere Szene ein. Eine Szene, die auf zwei Ebenen spielt, wobei *die zweite Ebene* die bedeutsamere ist. Das Ganze setzt nicht mit einer romantischen oder, wenn man so will, beschwerlichen Fischerszene ein, die sich im See spiegelt. Das Ganze setzt mit Jesus ein, der am See, von vielen Menschen umgeben, ihnen auf ganz neue, befreiende und entlastende Art ihr Leben vor Gott erschließt. Er wählt ein Fischerboot, das des Simon, und ein zweites Begleitboot, lässt sich ein paar Ruderschläge vom Land absetzen, nicht weit, nur ein wenig, und wählt das Boot zu seiner Kanzel.

Er lehrte die Leute. Das „Bühnenbild" ist dabei, wie so oft in den Evangelien, genauer festgehalten als das, was inhaltlich auf der Bühne spielt. Es heißt lediglich, Jesus lehrte die Menschen. In diesem Fall bestand die eigentliche „Lehre" darin, dass er Simon und seine Leute aufforderte, hinauszufahren, und zwar weit hinaus, nicht nur ein paar Ruderschläge weit. Hinaus zu einem Fischfang. Simon winkt ab. Sie hatten die Nacht über nichts gefangen. Irgendetwas aber war an diesem Jesus, das spürte Simon. Erst die Heilung seiner

Schwiegermutter, dann seine ungewöhnliche Art, vom Leben und von Gott zu reden! Simon besinnt sich und sagt nicht einfach, also gut. Er sagt: „Auf den Wort hin." Und das bezog sich auf all das, was Jesus den Menschen gesagt hatte.

Sie fahren hinaus. Simon fängt mit seinem Boot so viele Fische, dass sein Netz reißt. He, kommt uns zu Hilfe, ruft er dem anderen Boot zu. Sie kommen und bergen die Netze, so dass beide Boote am Versinken sind.

Das überfordert Simon. Simon *Petrus* wird er hier bereits genannt, in einer Vorausnahme dessen, was kommt (vgl. Lk 6,14). Er wirft sich vor Jesus auf die Knie. „Herr", sagt er, Herr, griechisch *kyrios*. Da schwingt mehr mit als in der von ihm vorher gebrauchten Anrede: „Meister." Herr, vor dir bin ich ein kleiner Wicht, ein Nichts. Simon verliert die Fassung. Er wird hin und hergerissen zwischen Staunen, Überwältigt sein, Furcht und Angst. Hab' keine Angst, hab' keine Furcht, sagt Jesus. Ab jetzt sollst du es nicht mehr mit Fischen zu tun haben, du wirst es mit Menschen zu tun haben. Du wirst Menschen zum Leben führen, zu dem Leben, das du aus meinen Worten gehört hast.

Bei Simon löste das nicht einen Wechsel zu Hartz IV aus, einen Wechsel in die Arbeitslosigkeit. Es löste einen Schritt in einen ganz neuen Lebenshorizont aus. Er und seine Begleiter verließen die Boote, sie ließen das alles zurück. Sie begannen zu ahnen, dass sie ihr Leben, indem sie sich Jesus anschlossen, *im Bild des reichen Fischfangs* sehen sollten.

Wie, das war ihnen noch nicht klar. Aber es sollte wohl in die Richtung gehen, die Jesus in seinen Worten gewiesen hatte: Worte, die das Leben öffneten, in eine Offenheit, die für Simon und seine Begleiter etwas mit Gott zu tun hatte. Wirklich verstehen konnten sie das alles nicht, aber *die Fülle des Lebens*, die ihnen da entgegen zu kommen schien, die hatte es ihnen angetan.

Das Bild des reichen Fischfangs scheint für unsere heutigen religiös-kirchlichen Verhältnisse ein ganz unpassendes Bild zu sein. Für Tage, in denen die Kirchen immer leeren werden, die Pfarrhäuser sind es bereits schon. Kirchen werden umgewidmet, veräußert, abgerissen. Wir erleben statt eines reichen Fischfangs das Fiasko eines vergeblichen Fischfangs. Im *See der Gegenwart* ist nichts zu fischen, ist nichts zu holen.

Nein, sagt uns das Evangelium, darin besteht die Täuschung! Fahrt hinaus! Macht die Augen auf! Bei einer nur kleinen Verschiebung der Perspektive werdet ihr wahrnehmen, dass es im See der Gegenwart *von Fischen*, von Menschen nur so wimmelt, die nach der Fülle des Lebens (vgl. Joh 10,10) fragen. Menschen, mit denen *Gott* schon unterwegs ist, die das ihrerseits nur noch nicht wahrnehmen. Sie sind mit Gott unterwegs auf Wegen, für die auch unsere Gemeinden keinen Blick haben, denen sie deshalb auch keine Plattform bieten.

Fischen unsere Gemeinden, fischt die Seelsorge immer noch *in der Nacht*, aus der auch Simon und seine Begleiter mit leeren Netzen zurückkamen?

Der verlorene Sohn
Lk 15,1-3.11-32

Mein Sohn war tot und lebt wieder; er war verloren und ist wiedergefunden worden. Und sie begannen ein fröhliches Fest zu feiern.

Es gibt kaum ein zweites Gleichnis in den Evangelien, das so bekannt ist wie das vom verlorenen Sohn. Aber kennen wir es wirklich, bis in seine Feinheiten hinein? Und treffen wir eigentlich seinen Kern, wenn wir es das Gleichnis *vom verlorenen Sohn* nennen? Denn am Ende ist er alles andere als der verloren Gegangene, als der im Leben Gescheiterte, als der, der sein Leben verspielt hat.

Und das lag nicht allein am Vater, der den nach Jahren zerlumpt und halb verhungert Heimkehrenden mit offenen Armen aufnimmt, in einer Weise, die nicht zu der Art passt, wie wir in einer solchen Situation gehandelt hätten. Nein, das Gleichnis ist so angelegt, dass man auch am verlorenen Sohn selbst erkennt, dass er sich nicht verloren gegeben hatte. Hintergründig spielen hier Vater und Sohn – bei aller Trennung über die Jahre hinweg – motivisch zusammen.

Um zunächst beim Sohn zu bleiben: Indem er sich sein Erbteil aushändigen lässt und in den Freiraum seines jungen Lebens zieht, tut er nichts Ehrenrühriges, nichts das Leben Gefährdendes. Aber im Streben, vom Leben möglichst viel, möglichst alles mitzubekommen, gerät er auf die schiefe Bahn, verliert er das Maß. Dann kommt eine Hungersnot hinzu. Er aber lässt sich etwas einfallen, um zu überleben, wenngleich er seine Ansprüche herabgeschraubt hat: er wird Schweinehirt. Hauptsache, er hat etwas zum Fressen. Aber genau daran fehlt es ihm. Wir hören vielleicht das Doppelbödige, das Anzügliche an seiner Situation, sich als Schweinehirt über Wasser zu halten, nicht gleich heraus. Auf der einen Seite will er überleben, auf der anderen ist er bei *Schweinen* gelandet, dem Inbegriff damaliger kultischer Unreinheit. Da hatte er in der Tat endgültig abgewirtschaftet, er war am Ende, er war verloren.

Und zugleich auch wieder nicht. Ihm fallen die Lebensverhältnisse bei seinem Vater ein. Wie gut es da die Angestellten und Knechte haben. Er spielt in Gedanken die Begegnung mit seinem Vater durch. Den Status eines Sohnes, so denkt er, den hat er verspielt. Das ist ein für alle Mal vorbei. Aber den Status eines Knechtes, den könnte ihm der Vater einräumen. Und so macht er sich auf.

Nun setzt die Rolle des Vaters ein. Er geht dem Heimkehrenden entgegen. Voller Mitleid schließt er ihn in seine Arme und küsst ihn. Das verändert auf der Stelle die innere Verfassung des Sohnes. Er kann gerade noch sagen, dass er es nicht mehr wert sei, sein Sohn zu sein. Dazu, dass er sich lediglich als Knecht verdingen wolle, kommt es schon nicht mehr. Die Umarmung des Vaters hat ihn wortlos, allein durch die Geste, wieder in den Status des Sohnes eingesetzt. Er, der sich selber nie ganz verloren gegeben hatte, wird nicht nur irgendwie am Leben gehalten, *er ist und bleibt Sohn*. Das muss gefeiert werden, überschwänglich und in der Art von tausend und einer Nacht.

Jesus hat das als Gleichnis erzählt, als ein Gleichnis, das von keinem anderen handelt als von seinem Vater. „Ein Mann hatte zwei Söhne […]“ Immer wenn Gleichnisse so beginnen, […] ein Mann […], dann spricht Jesus von Gott, seinem und unserem Vater. Warum aber spricht er in Gleichnissen? Warum nicht direkt? Weil es Gleichnisse an sich haben, durch das Stilmittel der Verfremdung eher verstanden und akzeptiert zu werden als ohne diese Verfremdung.

Das Gleichnis sagt das Unglaubliche: *So wie der Vater, so ist Gott.* So wie der Vater den verlorenen Sohn aufnimmt, so geht Gott mit dem Menschen um. Plötzlich sind *wir* in dieses Gleichnis involviert. Plötzlich sind wir gefragt, ob wir unsere Situation vor Gott so einschätzen, dass wir allen Grund haben, dankbar ein Fest zu feiern, das Fest unseres Lebens. Auch wenn wir noch so viel verbockt haben, auch wenn wir alles andere als eine reine Weste haben. Zu diesem Vertrauen in Gott will uns das Gleichnis herauslocken. Lassen wir uns locken? Oder leiden wir an den Blockaden des älteren Sohnes, der auch noch ins Spiel kommt?

Der versteht die Welt nicht mehr, als er erfährt, was sich auf dem Hof zu Hause abspielt. Zorn packt ihn. Ungerecht behandelt fühlt er sich vom Vater. Er lässt sogar eine Bemerkung fallen, von der bisher im Gleichnis nicht die Rede war: mit Dirnen habe es der Bruder getrieben. Und jetzt dieses Fest! Der Vater versucht ihn umzustimmen. Ob es ihm gelungen ist? Das Gleichnis lässt es offen. Und so gibt es denen zu denken, die sich gewissermaßen in der Rolle des älteren Bruders dünken, in der Rolle dessen, der eigentlich nie vom Wege Abgekommenen, derer, bei denen alles immer richtig lief.

Hier tut sich im Gleichnis ein Abgrund auf. Es deutet ihn nur an: Am Ende könnte *der ältere Bruder* in die fatale Rolle des verlorenen Sohnes geraten sein, weil er mit dem Vater und seiner Liebe und Barmherzigkeit hadert. Weil er sich weigert, ins Haus zu kommen und zu feiern.

Wo sehen wir uns? Wir mögen Anteile beider Söhne in uns haben. Achten wir darauf, nicht in die Falle des älteren Sohnes zu geraten.

Vom Leben zum Leben
Lk 7,11-17

Als der Herr die Frau sah, hatte er Mitleid mit ihr und sagte zu ihr: Weine nicht!

In den Evangelien geht es um Tod und Leben. Ich sage bewusst, nicht um Leben und Tod, sondern um Tod und Leben. So dominiert auch in Lk 7,11-17 das Leben über den Tod. Hier hat das Leben das letzte Wort, und nicht der Tod. Dabei geht es nicht einfach – aber was bedeutete es schon, bei einer Rückholung ins Leben *von einfach* zu reden! – um die Auferweckung eines Jugendlichen, der wahrscheinlich noch Kind war. Die Platzierung dieser Erweckung im Lukasevangelium ist interessant. Sie weist über die hier erzählte Erweckung hinaus auf jene Auferweckung bzw. Auferstehung, die wir zu Ostern und während der 6 Wochen der Osterzeit feiern. Lukas platziert nämlich in seinem Evangelium die Erweckung von *Nain* exakt als *die siebte* der Macht- und Heilstaten Jesu. Und diese ist eine *Totenerweckung*. Und über weitere sechs Heilungen bzw. eine Erweckung stoßen wir im Aufbau des Evangeliums auf Platz 14 – also zweimal 7 – auf die *Auferstehung Jesu*!

Dieses Zahlenspiel, diese Zahlenkomposition mag uns wenig sagen, aber das Lukasevangelium will uns damit sagen: Lasst euch von der Erweckung in Nain hinführen zu der ganz anderen Auferstehung des Herrn. Mit anderen Worten: Auch nach einer gefeierten österlichen Zeit bleibt uns das Thema der Auferstehung als Kernpunkt unseres Glaubens erhalten. Es begleitet uns weiter. Das Jahr über. Es begleitet weiter unseren Glauben, unser Hoffen, unsere Zweifel.

Lukas entwirft eine eingängige Schilderung. Am Stadttor von Nain begegnen sich, an einer Engstelle gewissermaßen, an der ein Zug warten muss, *zwei Züge*: ein Leichenzug, ein Trauerzug, der hinaus will, ein Zug von unbeschreiblicher Tragik und Trauer. Eine Mutter, eine alleinstehende Witwe, hat ihren einzigen Sohn verloren. Er wird zu Grabe getragen. Ein Motiv, das ähnlich im ersten Buch der Könige beim Propheten Elija begegnet (1 Kön 17, 17-24), an das sich Lukas hier offensichtlich anlehnt. Der andere Zug ist ein Zug des Lebens, ein Zug, dem der Ruf vorauseilt und nachfolgt, dass Jesus Leben und Befreiung bringe, wo man den Lebensmut verloren hat, wo Hoffnungslosigkeit, Besessenheit, Ausweglosigkeit und Verwirrung herrschen. Nicht nur die Jünger, eine große Menschenmenge begleiten diesen zweiten Zug.

Die Züge ziehen nicht aneinander vorbei, als gingen sie sich nichts an. Der Trauerzug von Nain nimmt nicht den schrecklichen, sprachlos machenden, uns Heutige lähmenden Verlauf der Züge nach Auschwitz oder der *Schiffs*traversen nach Lampedusa. Der Trauerzug von Nain wird von Jesus angehalten. Jesus sieht, was hier los ist. Es greift ihm ans Herz. Er hat Mitleid mit der Mutter. Er demonstriert an diesem Todeszug, dass *das Leben* das letzte Wort hat. Weine nicht, sagt er der Mutter. Er hält den Zug an und spricht ein machtvolles Lebenswort. *Steh auf*! Und der Tote richtet sich auf und nimmt von einer Sekunde auf die andere am vollen Leben teil.

Er begann zu reden. Ein bedeutsames Detail. Er begann zu reden. Vielleicht haben wir das so zu deuten, dass seine Rückholung ins Leben zu reden begann, dass sie von sich reden machte. Ohne dabei nur sich zu meinen, sondern um als Hinweis verstanden zu werden, dass der Tod, hier bekundet durch Jesu Tat, nicht das letzte Wort hat. Was sich später in anderer Weise an Jesus selbst kundtut, in seiner Auferstehung, die für uns alle von Bedeutung ist, die wir auf seinen Tod getauft sind. Eine Auferstehung, die freilich etwas unerreichbar Anderes ist als eine Rückholung ins Leben, ins dann doch wieder hinfällige, verwesliche, dem Ende unterworfene Leben.

Jesus gibt den ins Leben Zurückgeholten seiner Mutter. Und alle sind sprachlos, selig, können es nicht fassen. Und brechen in Worte aus, mit denen sie das Erlebte nicht einfangen können: „Ein großer Prophet ist unter auf aufgetreten." Sie wissen, dass sie damit seine Rolle nicht wirklich beschreiben, dass ihre Worte zu kurz greifen, dass sie nicht wirklich an ihn herankommen. *Diese* Kunde verbreiten sie von ihm. Und bereiten damit, ohne es zu ahnen, ohne es zu wissen, den Boden für die ungleich größere Kunde seiner, Jesu, Auferstehung.

Jesus gab den Jungen seiner Mutter zurück. Mitten hinein in sein reales Leben, mit jugendlichen Träumen, Phantasien, Glückserfahrungen, Aufgaben, Sorgen und Nöten. Er sollte ganz in seinem Leben aufgehen. Das ist auch unsere Aufgabe, in unserem Leben aufzugehen, in den realen Beziehungen des Lebens, in Verantwortung und Liebe. Und dies in der Glaubensgewissheit, dass Gott eben diesem unserem gelebten Leben den Stempel der Ewigkeit aufdrücken wird.

Der Eine? Oder die Neun?
Lk 17,11-19

Einer von ihnen aber kehrte um, als er sah, dass er geheilt war; und er lobte Gott mit lauter Stimme. Er warf sich vor den Füßen Jesu zu Boden und dankte ihm. Dieser Mann war aus Samarien.

Ein gar nicht so unbekanntes Evangelium, obwohl es nur bei Lukas vorkommt, zum, wie man dann sagt, „lukanischen Sondergut" zählt: das Evangelium von den zehn Aussätzigen, die durch Jesus geheilt werden. Nicht uninteressant ist der Ort des Geschehens. Die Szene spielt irgendwo zwischen Galiläa und Samarien. Das mag für uns nicht viel heißen, beinahe so, als hätte sie auch in Buxtehude spielen können. Aber sie spielt im Gebiet von Galiläa und Samarien, einem Gebiet, das historisch einige Schicksale über sich hatte ergehen lassen müssen. Sie lagen weit zurück. Um das Jahr 730 v. Chr. war die Bevölkerung Samariens vom assyrischen König in die assyrische Gefangenschaft verschleppt worden, weit weg, bis in die Gegend des Kaspischen Meeres. Und in einem Gegenzug waren Menschen von dort in das entvölkerte Samarien umgesiedelt worden.

Wir sind vergesslich: Etwas ganz Ähnliches geschah bei uns nach dem 2. Weltkrieg, als Hunderttausende aus ihren Wohngebieten vertrieben wurden und an ihrer Stelle Menschen aus Ostpolen in das heute polnische Schlesien zwangsumgesiedelt wurden. In Samarien wuchs von daher über die Jahrhunderte eine multikulturelle und multireligiöse Mischbevölkerung heran, die in den anderen Landesteilen, insbesondere in Jerusalem, längst nicht mehr für gläubig gehalten wurde. Das war die Situation, in der Jesus in der Nähe eines Dorfes dort auf *zehn Aussätzige* trifft. Ihre Lebensbedingungen waren erbärmlich, sie waren sozial abgeschrieben. Eine Lebenslage, in der man nach jedem Strohhalm greift.

In Jesus, von dem sie wohl schon etwas gehört haben mochten, sehen sie einen solchen Strohhalm. Meister, kannst du uns helfen? Erbarm dich unseres Elends.

Jesu Verhalten überrascht. Er traut ihnen etwas zu. Er traut ihnen Bestände religiösen Wissens und religiösen Verhaltnes zu. Und dies im kulturell-religiösen Schmelztiegel Samariens! Er verweist sie auf eine Vorschrift aus dem Buch Levitikus, nach der jemand, der meinte, von der Last des Aussatzes befreit zu sein, sich ein priesterliches Attest ausstellen lassen musste, das ihn rein erklärte. Ein behördliches Dokument des Gesundheitsamtes gewissermaßen. Jesus traut ihnen zu, dass sie diesen Weg einschlagen, auch wenn sie vom orthodoxen Glauben an Jahwe weit entfernt gewesen sein mochten. Und die Zehn lassen sich tatsächlich darauf ein.

Vielleicht muss man hier bereits unterbrechen und darf man das darin Angezeigte auf unsere Verhältnisse übertragen. Alle Jahre legt die Deutsche Bischofskonferenz die neuen Eckdaten der kirchlichen Statistik in unserem Lande vor. Danach sank die Katholikenzahl 2009 erstmals unter die 25 Millionen Grenze. Die Zahl der Bestattungen lag um 75.000 höher als die der Taufen. Auf historisch niedrigem Niveau verharrte die Zahl der kirchlichen Trauungen. Und nur 13 Prozent der nominellen Katholiken gehen am Sonntag in die Kirche.

Was aber soll das mit den zehn Aussätzigen des Evangeliums zu tun haben? Vielleicht dies: Jesus traute ihnen einen gewissen religiösen (vielleicht verschütteten) Bodensatz zu. Er traute ihnen deshalb den im Buch Levitikus vorgeschriebenen Gang zu den Priestern zu. Das sollte uns nachdenklich machen. Wir sollten angesichts der heutigen religiösen Verhältnisse nicht die Hände über dem Kopf zusammenschlagen und in ein depressives Lamento verfallen. Sondern – wie Jesus bei den Zehn – auch bei unseren Zeitgenossen mit einem religiösen Bodensatz rechnen. Sie haben ihre Antennen für das Religiöse vielfach eingezogen, aber *sie haben sie*. Auch wenn das nicht in der Teilnahme am Gemeindeleben deutlich wird. Traut die amtliche Kirche den Suchbewegungen der Menschen, ihren Suchbewegungen nach Lebenssinn noch etwas zu? Trifft sie vor allem den Ton, der die Menschen anspricht?

Das ist gewiss nach dem Evangelium noch nicht alles. Alle Zehn wurden geheilt. Einer, der das merkte, kehrt direkt um. Er war wie alle anderen ein Bewohner Samariens. Er wusste, was die Stunde geschlagen hatte. Die anderen Neun offenbar nicht. Sie waren froh, geheilt zu sein. Das reichte ihnen. Dem einen aber reichte das nicht. Seine Heilung war für ihn der Durchbruch, um Gott zu danken, um sich bei Jesus zu bedanken und auf einen neuen, so von ihm noch nie begangenen Weg zu gelangen: auf den Weg des Glaubens. „Dein Glaube hat dir geholfen."

Wir für unsere Person mögen „Grenzgänger" sein. Einmal sind wir so wie der Eine, einmal so wie die anderen Neun. Wenn es so wäre oder ist, sollten wir unserem religiösen Bodensatz vertrauen. In ihm haben wir längst mit Gott Berührung. Vielleicht steigt dann unser religiöser Pegel allmählich bis zur Pegelmarke „Glaube" an. „Dein Glaube hat dir geholfen." Diese Erfahrung haben wir sicher schon auf die eine oder andere Weise gemacht. Auch wenn wir es zurzeit eher mit den Neun halten sollten - als „Grenzgänger" eben.

Mit offenen Augen
Joh 9,1-41

Jesus hörte, dass sie ihn ausgestoßen hatten, und als er ihn traf, sagte er zu ihm: Glaubt du an den Menschensohn? Der Mann antwortete: Wer ist das, Herr, damit ich an ihn glaube? Jesus sagte zu ihm: Du siehst ihn vor dir; er, der mit dir redet, ist es. Er aber sagte: Ich glaube, Herr. Und er warf sich vor ihm nieder.

Eine spannende Geschichte mutet uns das Johannesevangelium 9,1-41 zu. Eine Geschichte, für die wir uns in ihrer ganzen Länge Zeit nehmen sollten. Sie ist nichts für eilige Leser. Als Steinbruch dieses oder jenen Satzes eignet sie sich nicht. Ein Bühnendrama wird uns vorgeführt, dessen Zuschauer wir sind. Ein Drama mit zwei gegenläufigen Bewegungen, die auf Höhepunkte zusteuern, die gegensätzlicher nicht sein könnten.

Die Hauptperson tritt am Anfang und am Ende auf, bleibt aber die ganze Zeit über das Thema: Jesus. Nur, wie er gesehen wird, wie unterschiedlich er eingestuft wird, anders vom geheilten Blinden und anders von einer Gruppe von Pharisäern, das macht die Dramatik aus. Da ist einer von seiner Blindheit geheilt worden. Er hat keine Ahnung, wer das war, dem er seine Heilung verdankt. Jesus hieß er, das wusste er. Mehr nicht. Genaueres konnte er nur zum Heilungsvorgang sagen, in allen Einzelheiten. Und man löcherte ihn ja auch danach, vor allem die Gruppe der Pharisäer. Der Mann, der dich heilte, kann kein guter Mensch sein, denn er heilte dich am Sabbat. Da tut man das nicht, das ist gegen das Gesetz. In dem Maße, in dem die Pharisäer Jesus in ein schlechtes Licht rücken, in eben dem Maße wächst beim Geheilten die Gewissheit, dass Jesus ein ganz besonderer Mensch sein muss. In seinen Augen ist er ein Prophet.

Sogar innerhalb der Gruppe der Pharisäer bröckelt die Einheitsfront. Vielleicht ist an Jesus tatsächlich etwas Besonders, denken die einen. Man kann ja nie wissen. Umso mehr verhärtet sich der Rest der Gruppe, die an Jesus kein gutes Haar lässt. Jesus sei ein topgefährlicher Mensch, er stifte Unruhe und bringe die Leute vom

Glauben ab. Deshalb: Wer in ihm gar den Messias sieht, der wird exkommuniziert, aus der Synagogengemeinschaft hinausgeworfen. Das kam der Aberkennung aller zivilen Rechte gleich.

Jesus, sagen die Pharisäer, ist ein Sünder. Den Eindruck habe ich nicht, entgegnet der Geheilte. Sie wiederholen ihre Frage: Wie hat er dich denn geheilt? Wollt ihr es noch einmal hören? Fangt ihr an, an Jesus Interesse zu haben? Das war zuviel für ihre Ohren. Wir sollen diesem Jesus nachlaufen? Nie und nimmer. Wir sind Jünger des Mose, der absoluten Autorität unseres Glaubens! Da geht nichts drüber. Aber bitte, so der Geheilte, ihr wisst doch, dass Gott einen Sünder nicht solche Heilungswunder tun lässt. Jesus ist für mich von Gott. Dieses Bekenntnis schmerzt in ihren Ohren, und sie werfen ihn hinaus, sie exkommunizieren ihn aus der Gemeinschaft der Rechtgläubigen.

Mit dem Hinauswurf ist das Drama nicht beendet, für beide Seiten nicht. Jesus tritt auf und konfrontiert den Exkommunizierten mit einer Frage: Glaubst du an den Menschensohn? Der Puls des Angesprochenen schlägt höher. Ja, und wer ist das? Der, den du siehst, der mit dir spricht, der ist es. Da kommt kein Debattieren auf. Wie? Menschensohn? Noch nie gehört. Was soll das heißen? Das sagt mir nichts. Stattdessen: Ja! Ja! Nichts als ein Ja kommt aus seinem Mund. Ja, ich glaube. Damit ist der eine Höhepunkt der Handlung erreicht.

Aber es gibt noch die andere Seite, die Gruppe der Pharisäer. Sie haben die Bemerkung Jesu aufgeschnappt, dass die Blinden Sehende werden, und die Sehenden blind. Das kostet sie ein müdes arrogantes Lächeln. Nicht doch! Willst du sagen, wir seien blind? Nein, sagt Jesus, bei euch verhält es sich schlimmer. Wäret ihr einfach blind, wäre das kein Problem. Aber ihr bezeichnet euch als sehend, als wissend. Ihr wollt nicht sehen. Das macht eure Sünde aus. Darin erreicht die zweite Spielhandlung ihren Höhepunkt, besser gesagt, ihren Tiefpunkt. *Da* der Glaube an Jesus, *dort* wider besseres Wissen nichts als blanke Ablehnung.

Was fangen wir mit dieser dramatischen Spielhandlung und ihren unterschiedlichen „Höhepunkten“ an? Wir sollten uns am geheilten

Blinden orientieren. Das sagt uns das Evangelium allein schon von seiner ganzen Anlage her. Aber was heißt das, uns am Geheilten zu orientieren? Es heißt, darauf aufmerksam zu werden, dass Glauben ein Prozess ist, der Zeit in Anspruch nimmt, auch wenn unser Evangelium diesen Prozess auf wenige Stunden zusammendrängt. Im realen Leben dauert dieser Prozess ein Leben lang. Beim Geheilten war das ein geradliniger Prozess, der ihn vom flüchtig gekannten Namen Jesu zum uneingeschränkten Glauben an ihn führte. Damit wird uns eine Zielgerade vor Augen gestellt, auf der wir uns fortbewegen sollen, im Auf und Ab unseres Lebens, auch wenn sich immer wieder Schwierigkeiten in den Weg stellen.

Die Frage Jesu „Glaubst du an mich“ stellt sich uns nicht anders als beim Geheilten. Sie stellt sich aus dem Stoff, aus den Widerfahrnissen und Erfahrungen unseres Lebens. Wir müssen nur unsere Augen aufmachen.

Prozesse

Alles kann, wer glaubt
Mk 9,17-27

O du ungläubige Generation! Wie lange muss ich noch bei euch sein! Wie lange muss ich euch noch ertragen?

Eine aufgeregt-spannende Situation führt uns das Markusevangelium 9,17-27 vor Augen. Da weiß sich ein Vater mit seinem an schweren epileptischen Anfällen leidenden Sohn nicht mehr zu helfen. Er ist mit seinen Kräften physisch und psychisch am Ende.

In der Situation setzt er seine Hoffnung auf die Jünger Jesu. Doch die können ihm nicht helfen. Ein böser Krankheitsgeist, ein sprachloser, stummer Geist hat sich des Lebens seines Sohnes derart hartnäckig bemächtigt, dass ihre Heilungsbeschwörungen im Namen Jesu nichts fruchten. Darüber kommt es zur Begegnung mit Jesus. Im ersten Zusammentreffen zeigt sich der stumme Geist als das, was er ist: als stumm, als sprachlos, als wie nicht präsent. Der Vater schildert, wie es seinem Sohn im Anfallsfall ergehe. Der Geist werfe den Jungen zu Boden, Schaum trete vor seinen Mund, er knirsche mit den Zähnen, bis er wie tot erstarre.

Es mag verwundern, dass Jesus sich daraufhin als Erstes seine Jünger vornimmt. Er macht seiner Enttäuschung über sie in einer Weise Luft, die an Deutlichkeit kaum noch zu übertreffen ist: Was seid ihr für Luschen, für ungläubige Leute! Ihr macht mir das Leben schwer! Wie lange soll ich euch noch ertragen! Sein Ausbruch ist von solch bizarrer Direktheit, dass deutlich wird, dass hierin die Erzählung ihren ersten Höhepunkt hat, der aber in Wahrheit einen Tiefpunkt markiert. Die Jünger gründen noch lange nicht in der Welt Jesu. Sie mögen guten Willens sein, aber existentiell angenommen haben sie Jesu Botschaft noch nicht. Und das nach im Markusevangelium immerhin vorausgehenden zwölf Wunderheilungen bzw. Sammelberichten von Heilungen! Die Jünger haben diese Heilungen noch nicht als das verstanden, was sie waren: als Hinweise, als Zeichen, als sprechende Symbole der Nähe, die Gott *in Jesus* zu den Menschen hat. Wir könnten von *sakramentalen* Zeichen der Besorgtheit Gottes um die Menschen sprechen.

Ihr glaubenslosen Leute! Ein harter Vorwurf an die Jünger, die besten Willens sind, Jesus zu folgen und dabei in ihm nicht die Wirklichkeit Gottes erspüren. Sie empfinden seine Wunderheilungen als stumpfe Mirakel, die allenfalls darauf deuten, was der alles könne!

Der Tiefpunkt der Erzählung entpuppt sich als Appell an die Jünger, ihre Denk- und Wahrnehmungsschablonen zu verlassen und sich gläubig an den Kern seiner Botschaft heranzuarbeiten. Jesus bietet ihnen dazu eine neue Chance. Bringt mir den Jungen!

Kaum weiß sich der stumme Geist der Nähe Jesu ausgesetzt, treibt er mit dem Jungen sein anfalltobendes Unwesen. Hin und her gezerrt knallt der Junge auf den Boden, sich mit Schaum vor dem Munde hin und her wälzend. Jesus aber greift nicht sofort ein, wie es die Situation eigentlich erwarten ließ. Wie lange hat er das schon? Von Kindheit an. Ein wichtiges Stichwort: Ein sprachloser, stummer Geist, von Kindheit an!

Ich höre daraus eine Anspielung auf die Sprachlosigkeit der Menschen auf Gott hin. Darf das „von Kindheit an“ nicht als Anspielung gedeutet werden, dass - nach dem Markusevangelium - die Menschen des Ersten Testaments, des Alten Testaments, bei allem Bemühen, auf Jahwe zu hören, die Stummheit auf Gott hin nie ganz abgelegt hatten? Eine Stummheit, die auch in den Jesusjüngern weiter wogt. Und auch im Vater des Jungen: Wenn du’s kannst, bitte, heile meinen Jungen! Die Antwort Jesu: Was soll das heißen: Wenn du’s kannst? Alles kann, wer glaubt.

Darin erreicht das Evangelium seinen Höhepunkt. Allerdings in einer Verknappung, die einem die Haare zu Berge stehen lässt. Alles kann, wer glaubt? Wenn das nur so einfach wäre, möchte man einwenden! Aber wer behauptet denn, dass das einfach sei? Der Vater des Jungen gibt die richtige Antwort, die nicht doppelbödig ist, auch wenn sie so erscheinen mag: *Ich glaube, hilf meinem Unglauben*! Daraus spricht die Bereitschaft, ja, die Entschlossenheit, oder besser, vorsichtiger gesagt, die Einsicht, im Prozess des Glaubens immer auf die Hilfe anderer angewiesen zu sein.

Im Prinzip dasselbe lässt Jesus an der Heilung des Jungen erkennen, wenn wir sie als Bild der Glaubensgenese deuten. Alles kann, wer glaubt. Das gilt zunächst von Jesus. Aber der Vorgang der Heilung des Jungen kann auf die innere Struktur eines Glaubensprozesses gedeutet werden. Die von Jesus in Gang gesetzte Wunderheilung ist kein einfacher Prozess. Der Junge wird nämlich noch einmal kräftig hin und her gezerrt, bevor der sprachlose, stumme Geist „mit einem lauten Schrei“ von dem Jungen lässt. Und in der Folge liegt der Junge wie tot da. So, wie immer nach Anfällen? Nein, diesmal ist es anders. Der tot Scheinende ist wie neugeboren, und Jesus nimmt ihn bei der Hand und führt ihn seinem neuen Leben zu.

Was bedeutet diese Heilung für die Lesart der knappen Formel: „Alles kann, wer glaubt“? Die Heilung erlaubt es gewissermaßen, die Glaubensgenese prozessual zu sehen. Es ist eben nicht einfach sofort alles da. Der stumme Geist zerrt noch an dem Jungen, bevor er ihn verlässt. Es ist ebenso wenig ausreichend, zu Jesus „Herr, Herr“ zu sagen, und zu meinen, damit sei der Glaubenserweis erbracht. Der Glaube, der schließlich alles kann, setzt Prozesse des Abschieds, des Los- und Zurücklassens, bildlich gesprochen, des Todes“, voraus. So wie der geheilte Junge schließlich wie tot daliegt. Was er aber nicht mehr ist. Jesus erhebt ihn. So kann es auch uns ergehen, aber eben wohl erst dann, wenn wir Totes bzw. Todesräume unseres Lebens im Vertrauen auf Gott zurücklassen.

Das aber meint in aller Regel keinen radikalen Schnitt, keine Amputationen unserer sozialen Beziehungen, kein verkrampftes die Zähne Aufeinanderbeißen. Es meint eher, unser Leben unter eine neue Perspektive zu stellen. Es meint, unser Leben unter der Perspektive zu leben, von Gott angenommen zu sein, von ihm getragen zu sein, ihm vertrauen zu dürfen. So könnten sich die Fesseln unserer *seelischen Epilepsien* langsam lösen. Und das weniger aus eigener Kraft als aus der Strahlkraft unserer neuen Perspektive, unter der sich unser Leben entfaltet.

Alles kann, wer glaubt! Es klingt nach wie vor mächtig und unzugänglich. Vielleicht findet das Gemeinte eher unsere innere

Zustimmung in der Fassung: Gott kann mit uns alles, wenn wir glauben. Und das im langen Prozess unseres Lebens.

Glaube als Prozess
Mk 6,1b-6

Am Sabbat lehrte er in der Synagoge. Und die vielen Menschen, die ihm zuhörten, staunten und sagten: Woher hat er das alles? Was ist das für eine Weisheit, die ihm gegeben ist. Und was sind das für Wunder, die durch ihn geschehen!

Jesus kam in seine Heimatstadt, und seine Jünger folgten ihm nach. Ohne dass wir es diesem einleitenden Satz des Evangeliums ansehen, deutet sich in ihm bereits eine Spannung an. Der Satz bezieht zwei Positionen, die sich gegenseitig ausschließen.

Dröseln wir die Spannung von hinten her, das heißt, vom zweiten Satzteil her auf. Die Jünger *folgten ihm nach*. So sollte es heißen, statt nur davon zu sprechen, dass sie Jesus begleiteten. Im Griechischen steht hier *akoluthein*, nachfolgen und das bedeutet mehr als nur jemanden zu begleiten. Auch wenn die Jünger selbst erst am Anfang dieser Nachfolge waren, am Anfang eines Prozesses, der auf Dauer von Lernerfahrungen, von Zweifeln und Rückschlägen begleitet war. Manche von ihnen zweifelten selbst noch am Ende, wie das Matthäusevangelium sagt (Mt 28,17). Aber sie hatten sich auf Jesus eingelassen. Sie folgten ihm nach mit der Entschiedenheit und Entschlossenheit, die ihnen zur Verfügung stand.

Dem steht, daran zeigt sich die Spannung, die Position der Heimatstadt Jesu entgegen. Seine Heimatstadt konnte ihm keinen Glauben schenken, sie war von Nachfolge weit entfernt. In dieser Dramatik ist das Evangelium angelegt, und es drängt *uns,* dass wir in dieser Spannung die richtige Position beziehen, uns auf die richtige Seite schlagen. Nicht auf die der Heimatstadt Jesu, sondern auf die der Jünger.

Dabei könnte uns ausgerechnet das Evangelium selbst dazu verführen, uns auf die falsche Seite zu schlagen. Denn da ist, mir nichts dir nichts, von Brüdern und Schwestern Jesu die Rede! Wie geht denn das?, könnten wir fragen. Und die Brüder Jesu werden auch noch mit

Namen genannt: ein Jakobus, ein Joses, ein Judas und ein Simon. Und schon könnten wir hadern und uns bei der Frage verheddern, ob das denn sein könne, dass Jesus Geschwister hatte? Und diese Frage könnte uns so beschäftigen, dass wir für das, was Jesus sagt und bringt, keine Zeit, beinahe kein Interesse mehr hätten.

Das wäre dann zwar motivisch anders als bei den Bewohnern von Nazaret, aber auch nicht ganz unähnlich. Diese stoßen sich ja auch an seiner Herkunft. Sie kennen ihn genau, den Zimmermann. Sie können davon nicht lassen, ihn von seiner Herkunft her zu deuten. Und deshalb haben sie kein Ohr für das, was er ihnen sagt und bringt, wie er in ihrer Synagoge auftritt.

Zwar kommt es zuerst zu einem Staunen. Irgendwie dringen Jesu Worte, seine ganz ungewohnte Art, von Gott zu reden, an ihr Ohr. Sie wecken bei ihnen erstes Erstaunen, aber bevor das Gehörte sie wirklich erreicht, kippt ihr Erstaunen in verärgerte Ablehnung. Der da, was macht der aus sich! Mit welchem Anspruch tritt der plötzlich auf! Nein, der soll bei seinem Leisten bleiben. „Sie nahmen Anstoß an ihm und lehnten ihn ab." Es war, wie so oft im Leben bei Kommunikationsstörungen. Umstände behindern uns dann, dass wir uns auf Inhalte einlassen. Inhalt und Form sind aber nicht voneinander zu trennen. Wenn einer beispielsweise eine Gruppe von Menschen anschreit, sie sollen sich vertragen, sie sollen friedlich miteinander umgehen, dann bringt er sich durch sein Schreien selber um den Erfolg.

Die Nazarener – jetzt nicht die Vertreter einer Kunstrichtung in der zweiten Hälfte des 19. Jahrhunderts, sondern die Bewohner von Nazaret – lehnen mit Jesus *seine Botschaft* ab. Das ist es, was ihn so enttäuscht, was ihn schmerzt. Dass er abgelehnt wird, das erfährt er hier nicht zum ersten Mal. Davon war schon im dritten Kapitel des Evangeliums die Rede, als ihn die eigenen Familienmitglieder bei seinen öffentlichen Auftritten zurückholen wollen, weil sie denken, er sei von Sinnen. In Nazaret aber schmerzt ihn, dass ihn seine *Heimatstadt* ablehnt, und damit auch seine Botschaft. Sie verschließen sich vor ihm. Er wunderte sich über ihren Unglauben, so endet das Evangelium. Es schlägt damit noch einmal den Bogen zum Anfang:

Er kam in seine Heimatstadt, die, anders als seine Jünger, nicht glauben konnte.

Wir sollen uns nicht an diesem Missakkord orientieren, sondern an den Jüngern und ihrem Glauben. Der verlief zwar auch nicht immer geradlinig, aber sie gaben sich Mühe. Das darf auch von uns gelten. In der Orientierung am Glauben der Jünger orientieren wir uns an unseren eigenen Erfahrungen, an den Höhen und Tiefen unseres Glaubens. Er ist ein Prozess, von dem Gott in keinem Moment von uns lässt.

Sehender Glaube
Mk 10,46-52

Jesus fragte ihn: Was soll ich dir tun? Der Blinde antwortete: Rabbuni, ich möchte wieder sehen können.

Das Evangelium Mk 10,46-52 zählt zu den oft erzählten Evangelienabschnitten: die Heilung eines Blinden, der nicht namenlos geblieben ist, sondern dessen Name einschließlich des Namens seines Vaters festgehalten wurde: *Bartimäus*, der Sohn des *Timäus*.

Das Ganze spielt in Jericho, vielleicht schon am Rand von Jericho, denn Jesus ist gerade dabei, die Stadt zu verlassen, zusammen mit seinen Jüngern und mit vielen Menschen, die ihn ein Stück Weg begleiten. Das Evangelium verliert keinen Satz darüber, ob sich Jesus in Jericho länger aufgehalten hatte oder ob er nur auf dem Durchzug war. Jedenfalls muss er nicht unbemerkt geblieben sein, er hatte eine Menge Leute auf die Straße gebracht. Fast möchte man heraushören, die Leute bedauerten es, dass er schon wieder seinen Abschied nahm. Er zog weiter, er hatte ein Ziel: Jerusalem. Vielleicht versprachen sich die Leute davon sogar politisch-soziale Veränderungen, vielleicht – so mochten sie empfunden und gehofft haben – stand in Jerusalem etwas Großes, etwas Besonderes bevor, wenn Jesus sich dem religiösen Zentrum des Landes näherte. Eine gewisse Erregung lag in der Luft, große Dinge schienen sich abzuzeichnen.

Da stört ein blinder Bettler nur, der am Rande sitzt. Seine kreischende Stimme stört. Er hatte längst erfahren, wem der ganze Auflauf in der Stadt galt. „Sohn Davids, Jesus, erbarme dich meiner." Der Bettler störte einfach. Man überhörte darüber ganz, was er rief: *Sohn Davids* als Anrede Jesu! Ein Titel, der im Markusevangelium hier zum ersten Mal auftaucht und der verrät, dass Bartimäus - wahrscheinlich bewusster als alle an ihm Vorüberziehenden - Jesus im Licht der Verheißung des Propheten Natan an König David sah: David werde eines Tages einen Nachfolger haben, dessen Königsthron ewig Bestand hat. *Sohn Davids* – Jesus wehrte sich in der Regel nicht gegen diesen Titel, gegen diese Anrede.

Dass er hier nicht gleich innehielt, mag am Gelärme der Leute gelegen haben. *Sohn Davids*, schreit Bartimäus ein zweites Mal, *erbarme dich meiner*. Es ist derselbe Ruf, den wir im *Kyrie eleison* übernommen haben. Jesus bleibt stehen: Ruft ihn her! Da springt der Blinde auf und bahnt sich blindlings einen Weg zu Jesus.

Jesus antwortet auf seinen Hilferuf *mit einer Frage*: Was willst du, soll ich dir tun? Über diese Frage ist oft und viel nachgedacht worden. War sie nicht einfach überflüssig? War nicht einfach klar, was der Blinde von Jesus wollte? Das Augenlicht. Sehen wollte er wieder können. Und so lautet auch seine Antwort. Und dann geht es ganz schnell, so könnte man meinen. Im Grunde aber geht es hier nicht um Schnelligkeit, sondern um Tiefe, um Nachhaltigkeit. *Dein Glaube* hat dich gerettet. Was für ein Glaube soll das gewesen sein? Der Glaube an sich selbst, sich wegen seiner Erblindung nicht aufzugeben? Es werde schon die Stunde des Wunders kommen, in der ihm wieder das Augenlicht geschenkt werde? Ja, von diesem Glauben war etwas gemeint, aber weit mehr noch war jener Glaube gemeint, den der Blinde bereits mit der Anrede *Sohn Davids* an Jesus bekundete.

Für ihn war Jesus der erwartete und verheißene Davidssohn, in dem Gottes Herrschaft ewig Bestand hat. Daran glaubte er offenbar, tiefer, reifer, entschlossener als die vielen, die hier ein paar Schritte mit Jesus gingen. Er war der, der „durchblickte“, auf den ausdrücklich das Wort Glaube zutraf. Das Evangelium bringt das zum Ausdruck, indem es sagt: und Bartimäus *folgte* Jesus auf dem Weg. Griechisch steht hier *akoluthein*, nachfolgen, im spezifischen Sinn der Nachfolge Jesu, während die anderen Menschen dort lediglich im wörtlichen Sinn eine kurze Wegstrecke mit Jesus mitgingen und dann zurückblieben.

Bartimäus folgt Jesus sehenden Auges nach. Möglicherweise sieht er bereits mehr als die anderen, er sieht sich für Jesus in Jerusalem anderes abzeichnen als die Menschen, die hier Jesus lärmend eine kurze Wegstrecke begleiten. Vielleicht ahnt Bartimäus, was dem *Sohn Davids* in Jerusalem bevorsteht.

Im Markusevangelium folgt dieser Bartimäusszene der Einzug Jesu in Jerusalem, und nach einigen Tagen sein Prozess und seine

Hinrichtung. Wir feiern das alle Jahre in der Karwoche und in den Ostertagen. In trüben Oktober- und Novembertagen aber (wie jetzt) dürften unsere Gedanken mehr unseren Verstorbenen gelten, die wir auf den Friedhöfen liegen haben, mit denen wir weite Strecken unseres Lebens geteilt haben. Sie sind bereits weitergezogen „aus Jericho hinauf nach Jerusalem“, um es einmal in dieses Bild zu fassen. Wir dürfen sie glaubend in Gottes guten Händen wissen, auch wenn uns das Herz über manchen zu frühen Verlust schwer ist.

Dein Glaube hat dich gerettet, sagt Jesus dem Blinden. Dieser Glaube kann auch uns von innen heilen. Aus ihm gewinnen wir die Kraft, unser Leben zu bestehen.

Vom Senfkornglauben
Lk 17,5-10

Wenn euer Glaube auch nur so groß wäre wie ein Senfkorn, würdet ihr zu dem Maulbeerbaum hier sagen: Heb dich samt deinen Wurzeln aus dem Boden und verpflanze dich ins Meer!, und er würde euch gehorchen.

Da bitten die Apostel den Herrn, er möge ihren Glauben stärken. Das mag uns überraschen. Befinden sie sich denn nicht schon geraume Zeit in der Nähe und unter dem Einfluss Jesu? Teilen sie nicht mit ihm ihr Leben? Müssen sie nicht längst erfahren haben, worum sie hier bitten? Was steckt hinter ihrer Bitte und wie ist sie motiviert?

Hier überschneiden sich viele Linien. Da ist zuerst der Rüffler – anders kann man es nicht nennen -, den Jesus den Jüngern verpasst, weil ihr Glaube zu schwach sei. Sie hatten einen besessenen Jungen nicht heilen können und hatten Jesus gefragt, warum sie ihm nicht helfen konnten. In seinem Namen. Jesu Antwort ist schroff, eine Antwort an die Jünger wohlgemerkt: „O du ungläubige und unbelehrbare Generation! Wie lange muss ich noch bei euch sein und euch ertragen" (Lk 9,41). Mit anderen Worten: „Ihr geht mir gehörig auf die Nerven!" Hinzukommt, dass Jesus, unmittelbar bevor ihn die Jünger bitten, ihren Glauben zu stärken, von der Gefahr der Verführung und von der Bereitschaft zur Vergebung gesprochen hat. Wir wissen aus eigener Erfahrung, wie schwer uns beides fällt: Verführungen zu widerstehen und die Kraft zur Vergebung zu haben.

Den Jüngern dürfte es nicht anders ergangen sein. Und schließlich müssen wir bedenken, dass sie ihre Bitte an Jesus richten, nachdem er zweimal – was für sie völlig unannehmbar war – von seinem *gewaltsamen Ende* in Jerusalem gesprochen hatte. Und ein drittes Mal sollte sie diese Ankündigung alsbald erreichen.

Das alles stellt ein hinreichend plausibles Motivbündel dar, warum die Jünger um die Stärkung ihres Glaubens baten. Nur, um welchen

Glauben ging es dabei? Ausschließen dürfen wir, dass es um das Festhalten an bestimmten Glaubenssätzen ging, um das Festhalten an einem Tableau von Glaubenswahrheiten, die ihnen Jesus ins Stammbuch geschrieben hätte. Nichts also, was sie getrost schwarz auf weiß hätten nach Hause tragen können.

Es ging um Existentielles und Persönliches: um ihr Vertrauen in Jesus, um ihre Treue zu ihm, auch wenn sich seine Lebensperspektive, je näher sie Jerusalem kamen – und sie waren ja dorthin unterwegs – zusehends verdüsterte. Sein Leben war in Gefahr. Das hatten mittlerweile alle mitbekommen. Dabei ging es nicht um Vasallentreue, nach dem Motto: Augen zu und durch! Es ging vielmehr um das bange Festhalten, dass Gott mit diesem Jesus war; so wie es einmal die Apostelgeschichte ausdrückt: „Gott war mit ihm“ (Apg 10,38). Die Jünger sollten und wollten daran festhalten – deshalb baten sie ja den Herrn um die Stärkung ihres Glaubens -, dass ihr Meister in der Tat in Person der Überbringer und Übermittler der guten Absichten Gottes in ihr Leben und in das Leben der Menschen überhaupt war.

Damit zielte ihr Glaube über Jesus und über Gott hinaus auch auf ihren Glauben *an sich selbst*, nämlich darauf, dass ihr Leben in den Augen Gottes einen unglaublichen Wert hatte. Das alles verdichtete sich in ihrer Bitte: Stärke unseren Glauben.

Die Antwort, die Jesus gibt, ist hintergründig. Wir könnten sie missverstehen, wenn wir uns darauf kaprizieren, Jesus hätte von den Jüngern tatsächlich einen solchen Glauben erwartet, dass sie wie Magier und Schamanen Maulbeerbäume durch die Lüfte ins Meer fliegen lassen könnten. Das war lediglich eine orientalische Metapher, also ein Bild. Was Jesus ihnen sagen wollte, war, dass es ausreiche, wenn ihr Glaube so groß sei wie ein Senfkorn. Die Jünger verstanden das sofort. Senfkorn war der Inbegriff für etwas Kleines, dem man nichts zutraute. Es war das kleinste der damals bekannten Samenkörner, und gleichwohl wurde daraus, im krassen Gegensatz zu seiner Winzigkeit, ein Strauch von beachtlicher Größe. Die Vögel konnten sich darin wohlfühlen und zwitschern.

„Glaube wie ein Senfkorn“ heißt also, es muss nur etwas da sein – das aber schon -, etwas zumindest wie ein Suchen nach Halt und Verlässlichkeit des Lebens in Gott. Dann entwickle sich das Ganze in die richtige Richtung.

Das löst natürlich sofort Fragen an uns aus. Spüren wir etwas von dieser existentiellen Ernsthaftigkeit des Glaubens? Und sei es auch nur von der Größe eines Senfkorns? Oder begnügen wir uns mit den ritualisierten Formen des Glaubens, mit Gottesdienstbesuchen und gelegentlichem Sakramentenempfang? Aber wirklich existentiell greift das nicht nach uns? Als kritische Frage sollten wir das an uns herankommen lassen. Aber die Frage zielt auch noch in eine andere Richtung. Die Kirchenkonstitution *Lumen gentium* spricht an einer Stelle davon, dass Menschen Gott *in Schatten und Bildern* suchen, Menschen, denen Gott auf eine Weise nahe ist, die man ihnen gar nicht zutraut. *Glaube wie ein Senfkorn* ist ein positives, ein kreatives Bild, das wir nach unseren Möglichkeiten ausmalen und ausgestalten sollen.

Dann aber scheint unser Evangelium eine Bruchstelle aufzuweisen, die zu dem Vorhergehenden nicht passt. Es spricht mit einem Mal von etwas ganz anderem und noch dazu in einer Weise, die wir nicht mehr mittragen können: Von einem Sklaven im Dienst seines Herren ist da die Rede, der sich auf sich nichts einbilden soll. Der bei seiner Sache als Sklave bleiben solle und vor allem von seinem Herrn keinerlei Dank zu erwarten habe. Hat sich Jesus hier im Ton vergriffen? Zeigt er sich hier als ganz und gar eingebunden in die Lebensverhältnisse seiner Zeit, die er womöglich sogar noch für richtig hält und legitimiert?

Wieder hätten wir ihn dann missverstanden. Jesus wählt ein Beispiel, einen Anschauungsfall, den die Leute damals gut verstanden. Indem er dieses Beispiel wählt, wollte er nicht die Sache selbst gutheißen und verteidigen, sondern das mit ihr Gemeinte auf etwas anderes übertragen: auf den Dienst der Jünger – und auf unseren Dienst – im Bereich des Glaubens. Anders gesagt: Wenn sie und wenn wir anfangen, als *Senfkörner* zu glauben, dann haben wir nur unsere Schuldigkeit getan. Dann lassen wir etwas in uns zur Entwicklung kommen, was Gott in uns angelegt hat. Und da sind wir selbst es viel weniger *als Gott*, der in uns wirkt und das Senfkorn des Glaubens sich in uns entwickeln lässt.

Um unseren Glauben geht es, um unseren Glauben an die reale Nähe Gottes zu unserem, zu meinem Leben. Dieser Glaube ist ein Senfkorn, ein Winzling, wenn wir ehrlich sind. Aber er teilt mit dem Senfkorn die Eigenschaft, sich nicht ruhigstellen zu lassen, sondern wachsen und gedeihen zu wollen. Fertig sind wir damit nie. Auch Gott ist damit nie fertig. So können wir am Ende die Bitte der Jünger übernehmen: „Ja, Herr, stärke unseren Glauben!“

Wenden

Umorientierung konkret
1 Tim 1,12-17

Ich danke dem, der mir Kraft gegeben hat: Christus Jesus, unserem Herrn. Er hat mich für treu gehalten und in seinen Dienst genommen, obwohl ich ihn früher lästerte, verfolgte und verhöhnte. Aber ich habe Erbarmen gefunden, denn ich wusste in meinem Unglauben nicht, was ich tat.

Leicht macht es uns der Text aus 1 Tim 1,12-17 nicht. Schon in sich nicht. Was sollen wir mit diesen autobiographisch gefärbten Sätzen des Paulus an Timotheus anfangen? Aber sie haben doch ihren Reiz. Im ersten Moment freilich könnten wir meinen – wobei das dann mehr über uns als über Paulus aussagen würde -, Paulus denke und rede hier ungebührlich selbstbezogen, indem er sich als Vorbild für andere hinstellt. Darüber könnten wir die Stirn runzeln und meinen, dabei müssten wir uns nicht aufhalten. Und schon wären wir das Opfer unseres Unvermögens geworden, das zu vernehmen, wovon Paulus in diesen Sätzen an Timotheus tatsächlich spricht, und wovon nicht.

Paulus denkt und spricht nicht selbstbezogen, sondern *gott*bezogen. Genauer, er dankt Christus, der ihm Kraft gab. Nicht einfach physische Kraft, die man sich schweißtreibend im Fitness-Studio antrainieren kann, sondern eine Kraft, ein Vermögen, die ihm unverdient als Geschenk Jesu Christi zuteil wurde. Es waren das Vermögen, die Einsicht und die Kraft, sein Verhältnis zu Gott wie vom Kopf auf die Füße zu stellen. Sein bisheriges Leben mutet ihn als Leben im Unglauben an. Da nimmt ihn der Herr *in seinen Dienst*, wie Paulus sagt. Das klingt beinahe wie heute nach dem Dank eines lange Zeit Arbeitslosen, der wieder einen Arbeitsplatz findet, und zwar nicht als Leiharbeiter und zeitlich befristet.

Paulus hatte zwar einen Dienst des Herrn gefunden, damit bleibt aber die Eigenart dieses Dienstes noch im Dunkel. Die Kategorie „Arbeitsplatz“ greift bei ihm zu kurz.

Paulus hatte einen Umbau, eine Umorientierung seines Lebens erfahren, in eine Richtung, die ihm undenkbar schien. Er, der für die – wie er meinte – *neue Sekte* der Christusanhänger nur Hohn, Spott und Verachtung übrig hatte, weshalb er sie verfolgte, er findet, wie er sagt, das Erbarmen des Herrn, das sein Leben umkrempelt. Paulus überschlägt sich förmlich in seinen Worten. Überreich, über alle vorstellbaren Maße bereichernd erfuhr er Gottes Griff nach ihm. Er erfährt sich mit Glaube und Liebe beschenkt, die von Christus her in sein Leben einströmen. In 1 Kor 15, 10 beschrieb er das so: „Durch Gottes Gnade bin ich, was ich bin, und sein mächtiges Handeln an mir ist nicht ohne Wirkung geblieben."

Er prägt diese seine Erfahrung in 1 Tim 1, 15 in eine allgemeine Bekenntnisformel um: „Jesus Christus kam in die Welt, um […]" – und beim Folgenden dürften wir empfindungsmäßig vor einem sprachlich-inhaltlichen Problem stehen. Wie das ausdrücken, was Paulus sagen will, ohne dass es für uns oberflächlich abfließt? „Jesus Christus kam in die Welt, *um die Sünder zu retten*." Diesem Satz sehen wir kaum noch die durchschlagende Wucht an, die ihm innewohnt. Die Sünder zu retten? Was löst dieser Satz bei uns aus? Löst er überhaupt etwas aus? Er scheint in eine Richtung zu weisen, in der alles abgegrast ist, die uns kaum noch anspricht. Gewiss, Sünder mag es geben. Aber wenn, dann sind das andere, nicht wir. Unser Leben verlaufe zu bescheiden, als dass wir Großartiges ausgefressen und auf dem Kerbholz hätten. Also, unsertwegen, so könnten wir in einem Anflug von Frivolität meinen, unsertwegen hätte Jesus Christus nicht in die Welt kommen müssen, um uns *zu retten*. Bei Paulus mag das anders gewesen sein.

Dürfen wir es uns so leicht machen? Das „die Sünder retten" greift tiefer aus, auch wenn es uns vielleicht im ersten Moment abgegriffen erscheint. Hier geht es nicht um moralische Dellen und Defizite und um ihre Überwindung durch Jesus. Hier geht es um Grundsätzlicheres. Die Rettung der Sünder, die Christus gebracht und die Paulus am eigenen Leib erfahren hat, bedeutet *den Bruch* mit einer Grundhaltung, in der wir meinen, schadlos darauf verzichten zu können, mit Gott zu rechnen. Bedeutet *den Bruch* mit der

Grundhaltung, den lieben Gott einen guten Mann sein zu lassen und das Leben an eigenen Prinzipien festzumachen.

Dabei ist diese Beschreibung noch zu dürftig. Da bleibt noch zu viel offen. Für Paulus wurde der Bruch möglich und er vollzog ihn aufgrund der Erfahrung der Langmut und Großmut Gottes. Es soll an der Stelle nicht antijüdisch klingen – wobei es solche Anklänge im Verlaufe des Christentums immer wieder gab -, wenn ich sage, dass in der jüdischen Umwelt des Paulus und in seinem eigenen Denken jüdische Kasuistik und pharisäische Kompensationstheorien Platz gegriffen hatten, die nicht lebensfreundlich waren. Sie brachen für Paulus angesichts der für ihn neuen Erfahrung der Großmut und Langmut Gottes zusammen. Da öffnete sich sein Leben, da befreite es sich von der bisherigen Enge. Dabei verwechselt Paulus die Langmut Gottes nicht mit einem *laissez faire* Gottes. Gott nehme es jetzt nicht mehr so genau. Nein, die Erfahrung der Langmut Gottes war überhaupt nicht mit den Maßstäben menschlicher Langmut zu messen. Denn diese neu erfahrene Langmut Gottes verträgt sich mit dem in der Heiligen Schrift immer wieder genannten Zorn Gottes, aber sie entkleidet dabei diesen Zorn aller menschlichen Vorstellungen.

In Gott, so hat es Paulus in Jesus Christus erfahren, begegnet eine menschlich nicht auslotbare göttliche Langmut, die das Leben frei macht und zum Guten stimuliert. In dieser Erfahrung versteht sich Paulus als Vorbild für andere, für kommende Generationen, wobei er dabei nicht sich selbst auf die Schultern klopft, sondern gewissermaßen dankbar die Schultern Gottes klopft, weil Gott mit den Menschen so unerwartet anders, gütig, nachsichtig, oder wie immer man das nennen soll, umgeht. Diesem Gott huldigt Paulus in einem hymnischen Lobpreis: Dem König der Ewigkeit, dem unvergänglichen, unsichtbaren, einzigen Gott, sei Ehre und Herrlichkeit in alle Ewigkeit.

Hat das alles nicht längst schon mit uns zu tun? Mit unserer Lebens- und Glaubenssituation? Stoßen wir uns nicht länger an der Vorstellung, Gott rette die Sünder! Durchstoßen wir sie vielmehr auf ihren bedeutsamen Kern. Er besagt: Unser Leben kann unter dem Einfluss der Langmut Gottes, die er für uns hat, „aufgehen“, wie eine

Blüte, wie ein Blume aufgeht. Orientieren wir uns also nicht so sehr an dem, was uns hinunterzieht, was sich wie Bleischwere auf unser Leben legt. Orientieren wir uns auch nicht an unseren oft so kritisch-lieblosen Blicken auf andere, an denen wir kein gutes Haar lassen. Denn da bleiben wir weit unterhalb der Möglichkeiten unseres Lebens als einem Ort des Aufatmens und der Lebenszuversicht, die uns die Langmut Gottes und die Langmut der Botschaft Christi eröffnen.

Das ist für uns gewiss nach wie vor schwer begreifbar, wie das Verhalten des Vaters gegenüber dem *verlorenen Sohn* für uns schwer begreifbar ist. Aber so verhält sich Gott zu unserem Leben. Ein Verhalten, an dem wir seinen Atem und seine Lust an unserem Leben verspüren. Vertrauen wir uns Ihm an. Dann fangen auch wir an, wie Paulus, Vorbilder zu sein.

Umkehr – wohin?
Mk 1,14-20

Als Jesus am See von Galiläa entlangging, sah er Simon und Andreas, den Bruder des Simon, die auf dem See ihr Netz auswarfen; sie waren nämlich Fischer. Da sagte er zu ihnen: Kommt her, folgt mir nach! Ich werde euch zu Menschenfischern machen. Sogleich ließen sie ihre Netze zurück und folgten ihm.

Die *Johannes-Ouvertüre* des Markusevangeliums, in der Jesus aus Nazaret den „basso continuo" übernimmt, indem er sich – wie viele andere – von Johannes taufen lässt, endet bei Markus abrupt mit der Inhaftierung des Täufers. Der gerät hinter Schloss und Riegel. Kaum fällt hinter ihm die Gefängnistür krachend in Schloss, beginnt bei Markus das Jesusdrama. In Galiläa, woher Jesus kam.

Markus legt dabei ein Tempo vor, wie im Zeitraffer. Für eine Feinzeichnung im Detail bleibt da keine Zeit. Markus liefert Paukenschläge, die die Aufmerksamkeit darauf lenken wollen, was noch alles kommen werde, was von diesem Jesus aus Nazaret alles zu erwarten sei. Der markinische Jesus fackelt nicht lange, er gibt Fanfarenstöße von sich. Er verkündet eine frohe Botschaft. *Welche*, sagt Markus nicht genau. Markus belässt es dabei zu sagen, die Zeit verdichte sich in Jesus, in ihm sei das Reich Gottes greifbar nahe.

Diese plakative Redeweise, wie im Stenogramm, ist auf der einen Seite herausfordernd, auf der anderen wie um Geduld bittend. Es werde alles mit der Zeit noch deutlicher und klarer, was Jesus *im Gepäck* habe. Diese lediglich andeutende Redeweise bei Markus könnte uns enttäuschen. Wir hätten es lieber, wenn Markus von Anfang an deutlicher geworden wäre. Aber er wurde es nicht. Nicht deshalb, weil er einen zu flinken Griffel führte, sondern weil das, was mit Jesus kam, nur in einem länger angelegten Prozess und demnach auch in einem länger angelegten Schreibprozess zu bewältigen und zu übermitteln war.

„Kehrt um und glaubt *an das Evangelium.*“ Da kommt Markus etwas in die Bredouille. Man soll an das glauben, was gerade erst unter seiner Hand schriftlich im Entstehen ist! Etwas, was erst Jahrzehnte später in den festen Begriff eines *Evangeliums* münden wird. Etwas, was nacheinander im Entstehen ist, erst bei Markus, dann bei Matthäus, dann bei Lukas und dann bei Johannes. Markus jedenfalls ist in Eile, in einer gewichtigen Eile, die in der Botschaft Jesu selbst begründet ist.

Kaum ist das bei ihm gesagt, dass das Reich Gottes nahe sei, eilt Markus an einen anderen Ort, an den See von Galiläa. Dorthin, wo Fischer ihrem Beruf nachgehen. Und es ist wie im Vorübergehen. Ein Blick auf zwei Fischer, auf Simon und Andreas. Ein aufforderndes Wort, und schon lassen sie ihre Netze zurück und folgen Jesus. Sie lassen ihren Beruf, ihr Umfeld zurück, mit dem sie vernetzt waren. Mit den Netzen ist viel mehr gemeint als nur die sich bei jedem Fischfang verknäuelnden und wieder zu entknäuelnden Reusen. Gemeint ist das gesamte Umfeld der Fischer.

Und das alles sollen sie auf einen Blick, auf eine einzige Aufforderung hin aufgegeben haben? Einfach so? Nein, bei Markus ist das ein *stilistisches Mittel*, mit dem er die Bedeutung der Sache Jesu herausstellt. Ein stilistisches Mittel also und kein wörtlicher Bericht über einen realen Ablauf. Und es wiederholt sich, nach wenigen Schritten, bei Jakobus und Johannes. Auch sie Fischer, zusammen mit ihrem Vater, der sogar namentlich genannt wird – so viel Zeit muss sein, denkt man sich da -, Netze ausbessernd. Die Beiden verlassen diesmal nicht bloß die Netze, sondern den Vater und alle die Tagelöhner, die mit dem Fischfang beschäftigt sind.

Das war’s. Das ist es fürs Erste, was uns das Markusevangelium in 1,14-20 übermittelt. Das Wichtigste steht dabei nicht auf den Zeilen, sondern *zwischen den Zeilen*. Oftmals ist das ja bei der Begegnung mit der Heiligen Schrift unser Problem: Wir bleiben beim wörtlichen Text stehen, grübeln über ihn nach und verheddern uns bei im Text nicht Gesagtem. Das droht auch dem Fanfarenstoß: Die Zeit sei erfüllt. Das Reich Gottes sei nahe! Würden wir das so verstehen, als sei damit gesagt, Gott habe sich nach einer langen Trennung von den Menschen nach vielen Jahrhunderten eines Besseren besonnen und kündige nun in Jesus seinen baldigen Auftritt, seine Rückkehr gewissermaßen, an, dann hätten wir den Fanfarenstoß gründlich missverstanden.

Gott *ist* nahe! Das verkündet Jesus. Gott *ist* präsent. Es ist, als würde Jesus sagen: Warum überseht ihr das dauernd in eurem Leben? Er *ist* nahe. Macht eure Augen, macht eure Herzen, macht euer Leben auf! *Das* ist die Umkehr, zu der Jesus uns auffordert. Nicht um eine schnellere, aber um *eine tiefere Gangart* in unserem Leben geht es. Wir sollen uns darauf verlassen und davon getragen wissen, dass Gott inmitten der Wirklichkeit unseres Lebens präsent ist. Simon, Andreas, Jakobus und Johannes haben sich davon anstecken lassen. Nicht schlagartig, nicht ein für alle Mal, eher zögerlich, mit Rückschlägen, manchmal mit einem zweifelnden Blick. Aber sie hatten mit der Umkehr begonnen. Tun wir es ihnen nach!

Spurenaufnahme
1 Thess 1,2-10

Wir haben euch das Evangelium nicht nur mit Worten verkündet, sondern auch mit Macht und mit dem Heiligen Geist und mit voller Gewissheit; ihr wisst selbst, wie wir bei euch aufgetreten sind, um euch zu gewinnen. Und ihr seid unserem Beispiel gefolgt und dem des Herrn.

Mit einer geradezu übertriebenen Dankeshymne beginnt Paulus seinen ersten Brief an die Gemeinde von Thessalonich. Wir befinden uns etwa in den Jahren 50/51 nach Christus. Paulus hatte bis dahin gewiss im kleinasiatischen Raum Gemeinden unter Heidenchristen gegründet, aber der Schritt nach Griechenland, nach Europa, war für ihn – jenseits aller heutigen Euro-Raum-Assoziationen – noch einmal etwas Neues. Hier gründete Paulus die Gemeinden von Thessalonich und Korinth. In Thessalonich schien es eine sehr erfolgreiche Gemeindegründung gewesen zu sein, wie der Eingang des Briefes deutlich macht. Übrigens des ersten und ältesten Briefes, der von Paulus auf uns gekommen ist.

Gewiss müssen wir einräumen, dass es zum antiken Briefstil gehörte, mit einer *captatio benevolentiae*, mit Verneigungen und Ehrbezeugungen vor dem Adressaten zu beginnen. Im Falle von Thessalonich aber muss die Freude und Genugtuung bei Paulus über die gelungene Gemeindegründung besonders groß gewesen sein. Dabei klingt das geradezu zu technisch, zu organisationstheoretisch, einfach von Gemeindegründungen zu sprechen, als hätte es sich dabei um einen notariell beglaubigten Rechtsakt gehandelt. Nein, Paulus war entzückt darüber, dass die hellenistische Welt Thessalonichs sich so bereitwillig geöffnet hatte, das Evangelium von Jesus Christus und von Gott, seinem Vater, offen und in tiefer Ehrlichkeit anzunehmen. Paulus staunt über ihren Glauben, über ihre belastbare Liebe, über ihre geduldige Hoffnung, die sie aus seinem Evangelium für sich gewonnen hatten.

Paulus hatte ja auch nicht nur Worte gemacht, eine Fähigkeit, in der er nicht unbedingt glänzte. So sei er, wie er im ersten Korintherbrief gesteht, in Korinth in Schwäche und in Furcht, ja zitternd aufgetreten (1 Kor 2,3). In Thessalonich aber war ihm ein vom Heiligen Geist erfüllter Auftritt gelungen, der seine Wirkung nicht verfehlte. Wenn man die Sätze des Paulus genau liest, hat man den Eindruck, dass er sich hier keinerlei Zurückhaltung auferlegt hatte. So sagt er, und zwar in dieser Reihenfolge, die Thessalonicher seien *seine* Nachahmer im Glauben geworden und damit die Nachahmer des Herrn. Und günstig habe es zunächst gar nicht ausgesehen. Denn sie hätten sein Wort in ziemlich misslicher Lage, unter allerhand Drangsal, aber in der Freude des Heiligen Geistes angenommen. So sei ihr Glaube sprichwörtlich bekannt geworden im griechischen Raum, nach Norden wie nach Süden hin. Ähnlich, nur unter anderen Bedingungen, wie ein ungläubiger Thomas zu einem gläubigen Thomas geworden war. Über Thessalonich müsse man in dieser Hinsicht kein Wort verlieren.

Paulus tut es dann aber doch. Und wieder ist die Art und Weise interessant, in der er es tut. Es sei überall herumerzählt worden, wie sie ihn, Paulus, und seine Begleiter aufgenommen hätten. Das hält er als Erstes fest. Erst dann kommt das eigentlich Wichtigere. Überall sei herumerzählt worden, wie sie sich von den Götzen ihres Lebens zum lebendigen und wahren Gott bekehrt hätten. Jetzt würden sie den Sohn Gottes vom Himmel erwarten, der von den Toten auferstanden ist und in dem alles Heil Wirklichkeit geworden ist.

Wenn wir das heute so hören, mögen wir darüber schmunzeln, wie charmant Paulus gegenüber der Gemeinde von Thessalonich sein konnte. Über seiner überschwänglichen Wortwahl von der Annahme des Evangeliums, von der Freude im Heiligen Geist, von der Hinkehr zum lebendigen und wahren Gott, vom wiederkommenden Herrn dürften uns allerdings irgendwie die Gesichtszüge gefrieren. Wird dasselbe, so könnten wir fragen, auch von uns erwartet, dass wir daran bruchlos und nahtlos anknüpfen können? Will uns Paulus mit dieser Herausforderung konfrontieren?

Wir leben doch in einer ganz anderen Welt, unter anderen Verhältnissen, in denen – um es platt zu sagen – Gott für viele kaum noch eine Rolle spielt. Von dieser Erfahrung mögen wir ganz persönlich selbst auch nicht weit entfernt sein. Andererseits hat der Wind in den letzten Jahren gedreht. Heute beherrscht nicht mehr nur ein selbstverständlicher Atheismus das Feld, sondern nicht zu übersehen ist daneben auch das Phänomen der Pluralisierung des Religiösen. Für die, die seit geraumer Zeit das Ende der Religion prognostizieren, mag das ärgerlich sein. Das hatten sie nicht erwartet. Worauf sie allerdings verweisen können, das ist die so genannte *Entkirchlichung* des Lebens bzw. die um sich greifende Indifferenz gegenüber vielem, was nach Kirche schmeckt. Das drückt sich auch im Rückgang der Zahlen aus. Im Jahr 2010 zum Beispiel waren etwa zwei Drittel der Einwohner Deutschlands Christen. 24,6 Millionen gehörten der katholischen, 23,9 Millionen der evangelischen Kirche an. Aber was sagt das schon.

Die Motive, die eigenen Kinder nicht taufen zu lassen, aus der Kirche auszutreten und dergleichen, können sehr komplex sein. Manchmal haben diese Motive weder mit Kirche noch mit Gott zu tun. Oder sie haben damit zu tun, aber anders als wir denken.

Wie auch immer, die Zeiten haben sich auch in der Hinsicht gewandelt, dass manche heute davon sprechen, dass zwar für Religiöses vermehrt Interesse bestehe, weniger aber für Gott. Sollte das zutreffen, und die Vielfalt religiöser Suchbewegungen und Phänomene scheint das zu bestätigen, dann bedeutet das zunächst, dass die Kirchen mit der traditionellen Glaubensweitergabe in unwirtlichem Gelände stecken geblieben sind. Da stellt sich die Frage, ohne dass wir hier die Gewichte einseitig verteilen wollen, ob religiös Suchende möglicherweise aus Interesse *an* religiösen Fragen zur Kirche auf Distanz gehen. Und andere, religiös weniger wache Menschen aus Gründen der Tradition und Gewohnheit vielleicht am kirchlichen Leben festhalten.

Wer von beiden Gruppen hat mehr mit Gott zu tun? Eine schwer zu entscheidende Frage, um die es letztlich aber geht. Um die Frage nach Gott im eigenen Leben.

Da stehen wir vor einem zweiten Punkt: Kommt Gott, kommt die Sache Gottes in den Kirchen überhaupt ausreichend vor? *Nicht das Wort* Gott, das wird genug strapaziert. Aber Gott in seiner Geheimnishaftigkeit? In seiner Transzendenz, der zugleich die Weltimmanenz eigen ist? Wird in den Kirchen zu harmlos, zu selbstgewiss, zu sicher von Gott gesprochen und artikulieren sich darin nur menschliche Gottesvorstellungen und Gotteswünsche? Wird das Dunkle, das Unsagbare, das Unauslotbare in Gott übermalt? Diese Problematik klingt in unserer Lesung an. Die Thessalonicher nahmen das Evangelium offenbar nicht in der Erwartung an, dass Gott damit wie ein *deus ex machina* erscheine, der alle Lebensprobleme löse. Sie rechneten damit, dass es in der Freude des Heiligen Geistes zum Evangelium passe, im Vertrauen auf Gott in Christus durch Dick und Dünn zu gehen.

Und damit stehen wir an einem dritten Punkt. Ist Gott für uns nicht häufig deshalb in eine Schieflage geraten, weil wir zu wenig nach seiner Spur in den eigenen Ereignissen und Erfahrungen des Lebens suchen? Gerade die Leerstellen unseres Lebens, die Phasen der Leerläufe, des Scheiterns, der Abstürze können *Treff-Orte* sein, an denen uns Gott unerkannt berührt. An denen es uns so ergeht, wie der Frau am Jakobsbrunnen in Joh 4, die im Gespräch mit Jesus aus sich selbst heraus die Frage vernimmt: „Ist er vielleicht der Messias?“ (Joh 4,29).

Wir täten gut, hinter dem Interesse heutiger Menschen am Religiösen die wenn auch nicht ausdrücklich gestellte Frage nach Gott zu vermuten. Nicht zuletzt auch bei uns selbst. Darin müssen wir es nicht gleich so weit bringen wie die Thessalonicher. Aber wir sollten ihrer Spur in den Spuren unseres Lebens nach Glauben und nach Hoffnung folgen.

Bedrängnisse

Vom Verhör zum Dialog
Apg 5,27b-32.40b-41

Man führte sie herbei und stellte sie vor den Hohen Rat. Der Hohepriester verhörte sie und sagte: Wir haben euch streng verboten, in diesem Namen zu lehren; ihr aber habt Jerusalem mit eurer Lehre erfüllt; ihr wollt das Blut dieses Menschen über uns bringen. Petrus und die Apostel antworteten: Man muss Gott mehr gehorchen als den Menschen.

Ein ungleiches Gegenüber. Auf der einen Seite der Hohe Rat, das höchste jüdische Gremium in Sachen öffentlicher Ordnung und religiösen Verhaltens, auf der anderen Seite die Apostel um Petrus, angeklagt der Verletzung der öffentlichen Ordnung und des Unglaubens. Sie hatten wider das Verbot des Hohen Rates die Lehre Jesu, des öffentlich Hingerichteten, in Jerusalem verbreitet. „Ihr habt Jerusalem mit eurer Lehre erfüllt," so lautet der Vorwurf des Hohenpriesters. Es klang wie eine Verärgerung, aber auch wie eine gewisse Hilflosigkeit. Als wollte er sagen: „Ihr wollt uns mit dem Tod Jesu konfrontieren, weil wir für seine Hinrichtung votierten. Als sei das nicht die vor Gott und unserer Orthodoxie einzig richtige Entscheidung gewesen." So dürfen wir den Satz des Hohenpriesters deuten: „Ihr wollt das vergossene Blut dieses Menschen über uns bringen."

Sie hatten ihn den Römern ans Messer geliefert. Und für sie war das nichts anderes als eine legale und im Interesse des Glaubens erforderliche Maßnahme. Das vergossene Blut steht hier für Hinrichtung. Mehr und etwas anderes konnte der Hohe Rat an der Hinrichtung Jesu nicht erkennen.

Anders die Apostel, allen voran Petrus. Für ihn war das vergossene Blut Jesu Mord. So wie der Hohepriester vom Hohen Rat umgeben ist und in seinem Namen spricht, so spricht Petrus im Namen der Apostel. Petrus wählt vermittelnde Worte, in der Absicht, den Hohen Rat für seine Sicht der Dinge zu gewinnen. „Der Gott *unserer Väter*," so sagt er. Er spricht bewusst von dem Gott, an den sie alle gemeinsam glauben, der Hohe Rat wie die Apostel. Petrus nimmt sie alle ins gemeinsame Boot. Von diesem gemeinsamen Gott, von Gott Jahwe, sagt er, er habe Jesus auferweckt. Sie aber, der Hohe Rat, sähen in ihm den zu Recht Hingerichteten. Für Gott aber sei sein Tod etwas ganz anderes gewesen.

In diesem Moment verändert sich die Ungleichheit der Situation – hier der Hohe Rat, dort die angeklagten Apostel – zu Ungunsten des Hohen Rates. Die Apostel bieten eine radikal andere Deutung des Todes Jesu. Jesus ist nicht, wie in den Augen des Hohen Rates, ein zu Recht Hingerichteter. Von wegen. Dazu bitte kein weiteres Wort mehr! Der Hingerichtete ist von Gott *zum Herrscher und Retter* erhoben worden. Er ist zum Retter Israels geworden, hat eine einzigartige Heilsbedeutung für Israel.

Petrus beschränkt sich auf die Heilsbedeutung *für Israel*. Wir aber wissen, dass sie weitergreift und allen Menschen gilt. Kraft seines vergossenen Blutes hat Gott die Gottesordnung für Israel und damit für die Menschheit neu in Kraft gesetzt. Nicht um den Stoff des vergossenen Blutes Jesu ging es dabei, sondern um die *Bedeutung* seines Todes. Durch seinen Tod ist etwas Neues geworden, etwas, was der Prophet Jeremia angekündigt hatte. Ein neuer Bund werde kommen, nachdem die Väter den Bund gebrochen hatten. „Das wird der Bund sein: Ich lege mein Gesetz in sie hinein und schreibe es auf ihr Herz. Ich werde ihr Gott sein, und sie werden mein Volk sein [...] Sie alle, klein und groß, werden mich erkennen“ (Jer 31,33b-34).

Petrus mag das in der Verhörsituation vor dem Hohen Rat nicht so gesagt haben. Aber um diese Sicht der Dinge ging es ihm. Dies war seine Sicht und Deutung des Todes Jesu. Jesu Tod endete nicht im Tod, sondern führte eine erneuerte göttliche Heilsordnung herbei, in der der Auferstandene bei Gott und bei den Menschen lebt. „Zeugen dieser Ereignisse sind wir.“ Das bedeutet: „Wir wissen, wovon wir reden. Denn Gott selbst hat uns diese Zusammenhänge aufgezeigt.“

Damit hebt unsere Stelle ein weiteres Mal absichtlich die Ungleichheit zwischen den Aposteln und dem Hohen Rat hervor. Die

Interpretationshoheit des Hohen Rates geht gegen Null, während die Apostel die einzig zutreffende Interpretation des Todes Jesu liefern. Auf diesen vom Hohen Rat selbst wahrgenommenen Verlust ihrer Auslegungskompetenz, ein Verlust, der sie faktisch bedeutungslos macht, reagieren sie mit Empörung und Zorn. Hätte nicht ein Pharisäer namens Gamaliel an ihre Vernunft appelliert, hätte der Hohe Rat die Apostel wohl am liebsten auf der Stelle dem Tode überliefert.

Des Petrus Interpretation der Heilsbedeutung Jesu kommt beim Hohen Rat nicht an. Wohl aber der Appell zur Mäßigung durch Gamaliel. Man entlässt die Apostel mit dem erneuten Verbot, „im Namen Jesu zu predigen." Die Apostel aber sind froh, gewürdigt worden zu sein, für den Namen Jesu Schmach zu erleiden.

Welche Bedeutung kann diese Szene aus der Apostelgeschichte für uns haben? Natürlich geht es in der Hauptsache um den Glauben an den Auferstandenen. Das bleibt zu jeder Zeit die Hauptsache. Aber für uns könnte sich daneben etwas anderes in den Vordergrund schieben. Kommt es uns nicht ein bisschen so vor, als stehe hier der Hohe Rat, wenn wir so sagen dürfen, ziemlich dumm da? Sie begreifen nichts. Sie geraten über die Apostel und über deren vermeintliche Anmaßung in Rage. Sie tragen sich mit dem Gedanken, sich der Apostel zu entledigen. Die Apostel aber erscheinen als die Strahlemänner. Als Angeklagte nehmen sie das Heft in die Hand. Sie wagen eine ziemlich forsche Lippe und ziehen obendrein fröhlich von dannen, in der Überzeugung, vom Hohen Rat Verfolgung und Schmach erfahren zu haben.

Vielleicht konnte das aus der Perspektive des Verfassers der Apostelgeschichte, aus der Perspektive des Lukas, nicht anders in Szene gesetzt werden denn als konfrontative Gegenüberstellung. Das lag der Verhörszene strukturell zugrunde. Diese Verhörszene aber darf für uns nicht – auch nicht in ihrem Ausgang – zum Modell des Dialogs zwischen Christentum und Judentum werden. Denn das hieße, wir Christen hätten alles, und das Judentum gewissermaßen wenig bis nichts, was von religiösem Belang wäre. So aber ist es nicht. Wir kommen von unserer Herkunft her aus dem Judentum. Wir teilen mit dem Judentum *den Gott unserer Väter*. Nicht nur das. Es gilt, was

Paulus im Römerbrief von den Juden sagt: „Ihnen sind die Worte Gottes anvertraut“ (Röm 3,2).

Uns muss es als Christen darum gehen, mit denen, denen die Worte Gottes wie uns anvertraut sind, in einen einfühlsamen, gleichberechtigten und ehrlichen Dialog einzutreten. Das aber gab die Szene vor dem Hohen Rat nach beiden Seiten nicht her. Benedikt XVI. machte wiederholt darauf aufmerksam, dass in der veränderten weltgesellschaftlichen Situation des 21. Jahrhunderts *der Dialog* die große anstehende Aufgabe ist, die sich den Weltreligionen insgesamt stellt. Ein Dialog auf der Basis der eigenen Tradition, des eigenen Glaubens, der sich mit Ehrerbietung, Achtung und Wertschätzung der Glaubenswelt der anderen nähert. In der Tat: Nur so kommen wir jenem Frieden auf den Geschmack, den der Auferstandene nicht nur den Christen, sondern den Menschen aller Kulturen und Religionen hinterlassen hat.

Das Kreuz mit dem Kreuz
Phil 3,17-4,1

Ahmt mich nach, Brüder, und achtet auf jene, die nach dem Vorbild leben, das ihr an uns habt. Denn viele leben als Feinde des Kreuzes Christi.

Die jungen christlichen Gemeinden, aber auch die Jahrhunderte bis herauf zu uns zählen die Briefe des Apostels Paulus zum Kanon des Neuen Testaments. Was ursprünglich Gelegenheitsschriften des Paulus waren, erhielt den Rang des „Wort Gottes“. So sagen wir dann vereinfacht. Bei aller Wertschätzung seiner Schriften dürfen wir aber nie ihren ursprünglichen Bezug aus dem Auge verlieren. So auch hier im Fall des Philipperbriefes. Sein Erstadressat war die Gemeinde in Philippi. Die Gemeinde, die Paulus auf europäischem Boden in Ostmazedonien gegründet hatte.

Es mag uns stören, dass der Abschnitt, auf den wir uns beziehen, mit einer scheinbar unkritischen, distanzlosen Selbstüberschätzung des Paulus einsetzt: Ahmt mich nach! So, als sei er ein perfektes Glaubensvorbild, ohne jeden Abstrich. So aber meinte das Paulus nicht. Wenige Sätze voraus räumt er ein, dass auch er, um es mit unseren Worten zu sagen, im Glauben nicht perfekt, nicht vollendet sei. Aber er versuche, auf dem Glauben an Christus sein Leben existentiell zu begründen. In diesem Sinn fordert er die Gemeinde in Philippi dazu auf, mit ihm wie mit vielen anderen zu *Nachahmern* des Glaubens an Jesus Christus zu werden. Dazu bestand Anlass, da in Philippi abweichende Glaubensvorstellungen in Umlauf gekommen waren, die für Paulus nach Glaubensverrat und Glaubensabfall rochen. Dabei ging es nicht um nachgeordnete, sekundäre Fragen, um die *wir* uns heute bisweilen die Köpfe einschlagen.

Es ging um die zentrale Frage, an Christus *den Gekreuzigten* zu glauben. Den Skandal seiner öffentlichen Hinrichtung, sein entehrendes Ende, das ihm alle Würde genommen hatte, nicht zu überspringen, sondern *im Kreuz* den Weg Gottes mit ihm und damit auch mit uns zu erblicken, daran lag Paulus. Es seien die „Feinde des Kreuzes“, die mit dem Kreuz Jesu nichts anfangen könnten, sich dabei aber gleichwohl als Christen und Gläubige gebärdeten. Dabei ging es damals nicht um die Frage, die bei uns immer wieder einmal aufflackert, ob bei uns in Schulen und öffentlichen Amtsräumen Kreuze hängen dürfen. Erst recht ging es nicht um die kultur- und kunsthistorische Frage der unterschiedlichen künstlerischen Gestaltung von Kreuzen, anders in der Romanik, anders in der Gotik, wieder anders im Barock und im Rokoko bis herauf zur Moderne. Man kann ein kulturelles Faible für Kreuzesdarstellungen haben, sogar ein wertvolles Stück in den eigenen vier Wänden aufbewahren – und gleichzeitig ein Feind des Kreuzes Christi sein.

Diese Feindeshaltung, die Verweigerung vor der Realität des Kreuzes Jesu, war es, die Paulus an den Pranger stellte. Er nannte solche Gläubige nicht Feinde des Glaubens, nicht Feinde Jesu Christi, sondern Feinde *des Kreuzes* Jesu Christi. Über sie kippte er seine ganze Verachtung und seinen ganzen Ingrimm aus. Zimperlich ging er dabei nicht zu Werke. Ihr Ende sei das Verderben, ihr Gott der Bauch, ihr Ruhm die Schande. Sie dächten irdisch-alltägliche Gedanken. Polemisch sarkastische Worte waren das. Ihr Gott der Bauch: das sollte wohl heißen, sie hingen allein an der kreatürlichen Welt, die keinen Bestand habe, die vergehe. Aus dem Hinweis auf den Bauch als Verdauungsorgan könnte man auch eine Anspielung auf jüdisch-orthodoxe Speisevorschriften heraushören, von deren strikter Befolgung man sich das Heil erwartete. Eine Deutung, die uns heute freilich irgendwie peinlich, fremd und abartig vorkommen dürfte.

Der Glaube darf sich um das Kreuz Christi nicht herumdrücken. Für Juden war das Kreuz ein unannehmbarer Skandal. Sich einen Messias vorzustellen, der in einer öffentlichen Hinrichtung am Kreuz endet, das ging nicht. Für sie war das Kreuz ein klares Indiz, dass Jesus niemals der Messias sein konnte. Paulus entfaltet nun zwar im Philipperbrief keine breitangelegte Kreuzestheologie, aber er schlägt Pflöcke ein. Die Welt des Christen sei nicht ohne das Kreuz Christi denkbar. Sie sei eine Welt, die sich dem Kreuz Jesu stellt und an ihm ganz neue Seiten entdeckt. Es ist eine Welt, die im Kreuz einen Prozess, *einen Wandlungsprozess* erkennt. Der Satz, den Paulus hier gebraucht, ist schwierig genug. Im Gegensatz zu den Feinden des Kreuzes habe der Gläubige seine Heimat im Himmel, in der Wirklichkeit des Reiches Gottes. Zu der gehöre es, dass sich der Gekreuzigte als Retter und Herr erwiesen habe und erweisen werde. Er werde unsere Todesverfallenheit und unseren armseligen Leib in die Gestalt seines Herrlichkeitsleibes, seiner zu Gott erhöhten Existenz verwandeln.

Das hat direkte Anklänge an die in den Evangelien verheißene endgültige Verherrlichung Jesu, die in der von den Jüngern unverstandenen Verklärung Jesu auf dem Berg Tabor punktuell vorausgenommen wurde. Paulus weiß – deshalb wird er ja so deutlich -, dass das Kreuz Jesu zu akzeptieren und damit generell die Kreuzeserfahrungen des Lebens zu akzeptieren nicht nur den Feinden des Kreuzes, sondern dem Menschen generell schwer fällt. Dass es schwer fällt, im Kreuz nicht Jesu letztes Scheitern und seinen Endpunkt zu erblicken, sondern in der Logik Gottes *das Tor zum Leben, zur Erhöhung, zur Verwandlung*. Als die Jünger den punktuellen Moment der Verklärung Jesu erleben, wissen sie damit nichts anzufangen, bleiben sie sprachlos. Eine Sprachlosigkeit, die auch uns befällt angesichts von Jesu Kreuz und Auferstehung. Eine Sprachlosigkeit, die uns erst recht befällt beim Verlust lieber Menschen, beim Verlust der Gesundheit, beim Verlust des Arbeitsplatzes, manchmal beim Verlust aller Perspektiven.

Damit uns solche Sprachlosigkeit nicht umzingelt und aus ihr gar die Sprache des Unglaubens werde, sollen wir uns gegenseitig suchen und stützen. Sollen wir uns in den Erfahrungen unseres Glaubens wie unseres Unglaubens austauschen. Vor allem aber uns sammeln zur Feier des Abendmahls/der Eucharistie, die bei aller oft banalen Armseligkeit - in der etwas vom Ärgernis des Kreuzes Jesu mitschwingt - einen Vorgeschmack der kommenden Herrlichkeit in sich trägt.

Feste

Weihnachtliche Vielfalt
Lk 2,1-20

So eilten die Hirten hin und fanden Maria und Josef und das Kind, das in der Krippe lag. Als sie es sahen, erzählten sie, was ihnen über dieses Kind gesagt worden war. Und alle, die es hörten, staunten über die Worte der Hirten.

Wie feiern die Leute Weihnachten? Zumal den Heiligen Abend? Viele suchen die familiäre Nähe oder einen Ersatz dieser Nähe. Man rückt zueinander in Seniorenheimen und Wohngemeinschaften, andere suchen Skihüttenromantik oder die Weite der Ferne. Lichter gehören dazu, Lieder, Musik, Weihnachtsglocken, Geschenke, Gedanken, Erinnerungen. Eine Vielfalt, wie sie das Leben liebt. Ahmen die Menschen in dieser Vielfalt zu feiern nur die Vielfalt nach, mit der sich auch die Bibel dem Geheimnis von Weihnachten nähert?

Die biblischen Texte setzen unterschiedliche Akzente, die wir kaum noch wahrnehmen. Da ist der Text von der Geburt des Herrn, vom Kind in der Krippe, „weil in der Herberge kein Platz für sie war" (Lk 2,7). Hirten werden auf dem Feld von Engeln umstrahlt und erfahren von der Geburt eines Kindes, wohl in einer ihrer Hütten. Und welch eine Geburt! Es soll um die Geburt des Messias, des gesellschaftlich lang ersehnten Herrn gehen. Friede, tönt es vom Himmel herab, Friede unter den Menschen! Das alles ist für sie von einer umwälzenden Bedeutungsdichte. Sie werden davon gepackt, es wühlt sie auf, sie kommen nicht mehr zur Ruhe. Sie begreifen ungläubig, nein nicht ungläubig, sondern in ihrem Erstaunen überfordert, aber gläubig, was die Stunde geschlagen hat. Sie sind die ersten Wisser, die Erstinformierten! Die Rolle freilich, die ihnen damit zugedacht ist, erkennen sie noch nicht, aber sie machen sich auf den Weg.

Die Hirten bilden ein erstes entscheidendes Element der Weihnachtserzählung. Sie stehen für Menschen, die damals ohne Ansehen waren, die zur untersten sozialen Schicht zählten, zum Prekariat. Analphabeten allemal. Religiöse Bildung? Religiöse

Aufgeschlossenheit? Dafür hatten sie keine Zeit, das war für sie kein Thema. Wir können sie, freilich nicht in jeder, aber doch in der einen oder anderen Hinsicht, als Bild jener Menschen deuten, für die Weihnachten heute kein Thema, zumindest kein religiöses Thema ist. Die um ihre Lebensprobleme kreisen, die mit Religion nicht viel am Hut haben. Exakt *in* deren Leben, ja, mitten *aus* deren Lebensalltag kann etwas aufstrahlen, das ihnen neue Lichter aufsetzt, die sie nicht einmal als religiöse Lichter identifizieren müssen. Und doch spricht darin Gott zu ihnen. Es polt sich etwas um, sie machen sich auf einen neuen Weg, als Träger einer neuen Erfahrung, einer neuen Gewissheit. Wie die Hirten.

Die Hirten kommen zur Krippe – das zweite entscheidende Element der Weihnachtserzählung. Aber in welchem Sinn? Was finden sie vor? Sie finden die nackte Erbärmlichkeit. Maria und Josef, und ein neugeborenes Kind in einem Futtertrog. Da war nichts von Glanz, nichts von himmlischem Glanz. Vor allem wohl nicht bei der Mutter. Sie hatte sich ihre Niederkunft anders vorgestellt. Ob sie sich nicht ihrer Situation schämte? Heimgesucht von nachgeburtlichen Depressionen, wie sie häufig über Gebärende nach der Entbindung kommen? Stiegen die Anfechtungen gar tiefer aus ihrer Seele, aus ihrem Unbewussten auf? Wer *ist* dieses mein Kind wirklich?

In diese Situation herein treten die Hirten, ausgerechnet sie, und sie werden geradezu zu *Boten des Himmels*. Sie erzählten, „was ihnen über dieses Kind gesagt worden war“. Staunen kommt auf, nichts als Staunen. Maria, die Mutter, dachte über die Worte der Hirten nach (vgl. Lk 2,19). Sie muss Dank empfunden haben, weil die Hirten ihr die Sicherheit zurückgaben, welches Geschenk ihr Gott in diesem Kind gemacht hatte.

Das bedeutet: Weihnachten darf auch mit Zweifeln im innersten Kern der Gläubigkeit begangen werden. Und die Brücke zurück zur Zuversicht und Hoffnung des Glaubens wird manchmal von Menschen und Situationen gebaut, denen man das nicht im Mindesten zutraut.

Ein drittes Weihnachtselement schließlich stößt der Prolog des Johannesevangeliums an (Joh 1,1-16). Im Anfang war das Wort und das Wort war bei Gott. Und das Wort ist Fleisch geworden. Er kam, heißt es da, in sein Eigentum, aber die Seinen nahmen ihn nicht auf. Anders als bei den Hirten gibt es auch die menschliche Ablehnung der Menschwerdung Gottes. Aber dieser Ablehnung kommt keine dominante Kraft zu, denn das Licht, das in die Welt kam, erleuchtet *jeden* Menschen. Gottes Nähe, Gottes Interesse, Gottes Liebe zu uns Menschen überstrahlt alles. Denn „aus seiner Fülle haben wir alle empfangen, Gnade über Gnade“. Die erreicht alle.

Darstellung des Herrn
Lk 2,22-40

Simeon nahm das Kind in seine Arme und pries Gott mit den Worten: Nun lässt du, Herr, deinen Knecht, wie du gesagt hast, in Frieden scheiden. Denn meine Augen haben das Heil gesehen, das du vor allen Völkern bereitet hast, ein Licht, das die Heiden erleuchtet, und Herrlichkeit für dein Volk Israel. Sein Vater und seine Mutter staunten über die Worte, die über Jesus gesagt wurden.

Darstellung des Herrn nennen wir das Fest am 2. Februar, das lange Zeit Mariä Lichtmess hieß. Zu Recht nahm hier die Liturgiereform des Zweiten Vatikanischen Konzils eine Akzentverlagerung vor, von Maria weg *auf das neugeborene Kind.* Denn um seine Darstellung geht es. Dabei scheinen beim Evangelisten Lukas auf den ersten Blick zwei Sichtweisen auf das Fest miteinander zu konkurrieren, nämlich die im Alten Testament vorgeschriebene Darstellung einer *männlichen Erstgeburt* im Tempel und das von alttestamentlichen Vorschriften nicht mehr gedeckte Tempel-Event, dessen spontane Agenten *Simeon und Hanna* sind. Sie verweisen auf die Bedeutung dieses Kindes und gewähren sowohl den staunenden Eltern wie auch den anderen, die zufällig zugegen sind, einen Vorausblick auf dessen Leben.

Dem Lukasevangelium dienen dabei die alttestamentlichen Vorschriften lediglich als Rahmen der *Präsentation des Neugeborenen*, der hier als *Messias des Herrn* vorgestellt wird. Dabei vernachlässigt Lukas zugleich diesen Rahmen, denn er hält schon im Eingangssatz zwei unterschiedliche Sachverhalte nicht mehr richtig auseinander. Zum einen die vom Gesetz des Mose vorgeschriebene *Reinigung*, zum anderen die Darstellung der männlichen Erstgeburt, *um sie dem Herrn zu weihen.*

Das sind zwei unterschiedliche Sachverhalte. Das eine ist die kultische Reinigung der Mutter, die ein Kind zur Welt gebracht hat. Wobei unterschieden wurde, ob es sich um die Geburt eines Jungen oder eines Mädchens handelte. Hatte eine Mutter einen Sohn zur Welt gebracht, so galt sie sieben Tage als kultisch unrein. Am achten Tag war der Neugeborene zu beschneiden, und die Mutter galt weitere dreiunddreißig Tage als unrein. Eine Zeit, in der sie zu Hause zu bleiben hatte. Nach sieben plus dreiunddreißig Tagen, also nach vierzig Tagen, sollte sie zusammen mit ihrem Mann und dem Kind zum Tempel kommen und zu ihrer kultischen Reinigung eine Taube als Brandopfer und eine junge Taube als Sündopfer darbringen.

Das andere war die Auslösung der männlichen Erstgeburt vor dem Herrn, der einen Besitzanspruch auf den Neugeborenen hatte. Dem gibt nun Lukas im Auftritt von Simeon und Hanna eine ganz neue Wendung. Die beiden reißen gewissermaßen die Handlung an sich. Simeon „nahm das Kind in seine Arme und pries Gott.“ Auf das, was er sagt, kommt es Lukas an, und damit setzt die neue, die eigentliche *Darstellung* des Neugeborenen ein. In diesem Kind sei *das Neue* da, eine Zukunft, *eine Lebenschance* für alle Völker.

Was man leicht übersehen kann und was uns gewissermaßen vor ein Rätsel stellen kann, ist die Bemerkung des Lukas, dass die Eltern Jesu über die Worte des Simeon *staunten*. Wie sollte es möglich sein, so könnten wir fragen, dass sie darüber staunten, zu hören, dass ihr Kind ein Heil- und Lichtbringer für die Menschen sei und zum Ruhm des eigenen Volkes gereichen werde? Wussten sie das nicht alles ohnehin schon? Hatten sie nicht die Geburt ihres Sohnes, die heilige Nacht, die Engelschöre, die Hirten, hatten sie das nicht alles miterlebt? Wussten sie nicht schon längst, *wen* Gott ihnen in ihrem Kind geschenkt hatte? Simeon aber meinte mit seinen Worten *nur sie*. „Sie staunten über seine Worte.“

Nein, sie verständigten sich nicht augenzwinkernd mit Simeon, um ihm zu deuten: Ja, wir wissen schon Bescheid. Nein, sie scheinen unwissend zu sein. Ihnen werden die Augen geöffnet, was es mit ihrem Sohn auf sich hat.

Hanna, die Lukas in einer parallel gestalteten Erzählung einführt, richtet sich *an alle*, die sie gerade um sich hat. „Sie pries Gott und sprach über das Kind *zu allen*, die auf die Erlösung Jerusalems warteten.“ Sie bezieht ebenso wie Simeon die Heilsperspektive, die sich mit diesem Kind verbindet, auf alle Menschen. Nicht nur die Angehörigen des Volkes Israel, sondern die vielen, welcher Herkunft sie auch immer sein mögen, sind gemeint, alle, die in Jerusalem ein Zeichen des Heiles von Gott her sehen.

In den Worten Hannas meint der Evangelist Lukas *uns*, die Menschen außerhalb des Volkes Israel. In Hanna will er uns auf dieses Kind aufmerksam machen. Sie verweist auf den Neugeborenen, damit seine „Darstellung", die Herausstellung seiner Person und seiner Sendung bei uns ankommt und bei uns Glauben findet.

Darstellung des Herrn nennen wir dieses Fest. Mit der einmaligen Darstellung des Messias ist es nicht getan. Hier bedarf es immer wieder eines neuen Vorstoßes gegen unsere sauertöpfige Glaubensgleichgültigkeit. Hier bedarf es immer wieder unserer Vergewisserung, wen wir in Jesus, dem Messias des Herrn, vor uns haben. Ein dauernder Prozess, der auf und ab führt. Von Jesus heißt es am Ende dieses Evangelienabschnitts: Er wuchs heran und Gottes Gnade ruhte auf ihm. Er wurde Gottes inne. Er machte das Beste aus seinem Leben. Und wir? Auf uns ruht ebenso Gottes Gnade. Machen wir genug daraus?

Worauf es ankommt
Mt 6,1-6.6-18

Dein Vater, der das Verborgene sieht, wird es dir vergelten.

Eine merkwürdige Warnung wird uns am Aschermittwoch im ersten Satz des Evangeliums auf den Weg durch die Fastenzeit mitgegeben: „Hütet euch, eure Gerechtigkeit vor den Menschen zur Schau zu stellen!“ Gut, den Pharisäern und Schriftgelehrten mochte Jesus so eine Mahnung mitgeben. Aber uns? Wir könnten meinen, wir dürften sie überhören und könnten uns gleich den Sätzen vom Almosen geben, vom Beten und vom Fasten zuwenden. Dann hätten wir aber gleichzeitig das Wort von „eurer bzw. unserer Gerechtigkeit“ übersprungen! Dürfen wir uns das leisten? Weil wir ohnehin wüssten, was mit ihr gemeint ist? Wissen wir's tatsächlich? Sind wir da so sicher?

Das heutige Evangelium scheint einen klaren und zweifelsfreien Verstehensrahmen abzustecken, in welchem wir das Wort von der Gerechtigkeit zu deuten haben. Es liegt nahe, sie auf unsere *Opfer* zu deuten, die wir uns für die Fastenzeit vornehmen. Wir nehmen uns vor, für Misereor und Brot für die Welt zu spenden, unser Gebetsleben zu intensivieren, vielleicht sogar Exerzitien im Alltag zu machen und zu fasten, in allen möglichen Formen. Darin sind wir ja erfinderisch. Wir nehmen uns vor, auf Alkohol und Nikotin, auf Süßigkeiten, auf diese oder jene Leckereien zu verzichten, den Fernsehkonsum einzuschränken, und selbst vom „Autofasten“ spricht man seit einigen Jahren. Und schon wären wir bei einer Menge von *Leistungen* angekommen. Die Gefahr aber, dass wir unsere Fastenleistungen laut vor uns herposaunen, dürfte in der Tat gering sein. Unsertwegen also hätte Jesus diese Mahnung nicht ergehen lassen müssen.

Das mag sein. Aber unter einer etwas anderen Perspektive ist sie auch für uns nicht weniger von Bedeutung. Das deutete sich eben schon an. Wir nehmen uns in diesen Wochen einiges vor, wir entlasten unseren Alltag, nehmen bewusst ab und entwickeln ein neues Körpergefühl.

Nicht allzu weit entfernt davon liegt, obwohl es etwas anderes ist, der Gedanke an Wellness, an Frühjahrskuren, an mehr Bewegung und dergleichen. Ich will das nicht alles über einen Kamm scheren, denn all dem können unterschiedliche Motive zugrunde liegen, durchaus auch religiöse. Aber genau da stoßen wir auf den entscheidenden Punkt: Erfassen wir mit unseren religiös begründeten Fastenmotiven wirklich, was das Evangelium mit *Gerechtigkeit* bzw. mit *unserer Gerechtigkeit* meint?

Wir dürfen sie nicht als von uns erbrachte Leistung verstehen, als von uns erbrachte Opfer. So dass wir uns nach den sechs Wochen Fastenzeit auf die Schulter klopfen und sagen könnten: Das haben wir prima gemacht! Wir haben den inneren „Schweinehund in uns" erfolgreich bekämpft! Was aber sollte daran falsch sein? Falsch bzw. bedenklich daran wäre, wenn wir in unseren religiösen Leistungen *mit uns* beschäftigt sind, *um uns* kreisen, und dabei zu wenig vor Augen haben, worin die „biblische Gerechtigkeit" wirklich wurzelt. Sie wurzelt in der *Beziehung Gottes zu uns*. Er hat uns in seiner Liebe zu uns gerecht gemacht. Das meint ja die *Rechtfertigungslehre*, die wir in der Ökumene als gemeinsame Grundsäule unseres Glaubens teilen. In der Gerechtigkeit bündelt sich Gottes Liebe zu uns. Eine Bündelung, die zuletzt im *Menschen* Jesus Christus, dem Mittler zwischen Gott und uns (vgl. 1 Tim 2,5), menschliche Gestalt annahm.

Solche Gedanken nehmen rasch den Charakter abstrakter Höhenflüge an, die sich schließlich in Luft auflösen, während wir doch mit unseren *Fastenleistungen* wenigstens konkret an etwas dran wären. Nur, es ist offenbar so, dass es uns schwer fällt, uns auf die von Gott geschenkte Gerechtigkeit einzulassen, sie zur Grundlage unseres Lebens zu machen. Ja, noch radikaler gesagt, ihr mehr zu vertrauen als uns selbst. *Das* aber ist mit „unserer Gerechtigkeit" gemeint, um die es in der Fastenzeit gehen soll, die wir in der Fastenzeit ins Zentrum rücken sollen. Wir sollen in einer Art Antwort *unserer Beziehung zu Gott* innewerden. Ganz im Sinn des Abschlusses des sechsten Kapitels des Matthäusevangeliums, wo gesagt ist: „Euch muss es zuerst um das Reich Gottes und um seine Gerechtigkeit gehen; dann wird euch alles andere dazugegeben" (Mt 6,33).

Hüten wir uns also, so können wir die Mahnung Jesu für uns abwandeln, um uns zu kreisen, um unsere Fastenopfer. Vertrauen wir uns der Liebe Gottes an, die wir dabei nie ermessen und ausloten. „Wenn das Herz uns auch verurteilt", so heißt es im ersten Johannesbrief, und wir können dafür sagen, wenn wir unseres Lebens nicht mehr froh werden, weil wir so viel falsch gemacht haben, weil so viel schief gelaufen ist, wenn unser Leben ein bruchstückhaftes Fragment geblieben ist, dann gilt: „Gott ist größer als unser Herz, und er weiß alles" (1 Joh 3,20).

Diese Ausrichtung auf Gottes *Gerechtigkeit*, aus der wir unsere Gerechtigkeit beziehen, ist aber nun alles andere als ein bloßer mentaler Akt, als ein bloßer Gedanke, der für unser Leben folgenlos bliebe. Die Aufforderung Jesu, *umzudenken*, mit der er sein öffentliches Wirken begonnen hat, meint eine Neujustierung des ganzen Lebens. Meint eine Vergewisserung, die sich lebenspraktisch auswirkt. Sie verbleibt nicht im Gedankenbereich. Und da sind wir dann, aber aus einer ganz anderen Perspektive, eben doch bei unseren *Fastenopfern*. Von dreien spricht das Evangelium: vom Almosen geben, vom Beten und vom Fasten. Sie zielen alle drei auf unsere innerliche Substanz, nicht auf unser äußerliches Gebaren. Dies gilt von allen drei Bereichen, obwohl sie durchaus eine unterschiedliche Nähe zum Sozialen haben. Es mag uns noch einleuchten, dass Jesus bezüglich des Gebetes den Rückzug in die eigene Kammer empfiehlt, dorthin, wo man mit Gott gewissermaßen allein ist. Beten wir eigentlich noch in dieser Weise? Vergewissern wir uns so Gottes? Eine andere Nähe zum Sozialen hat das Almosen geben, aber auch da soll die äußerlich sichtbare Geste nicht in den Vordergrund treten, sie soll „im Verborgenen bleiben". Und was das Fasten angeht, empfiehlt Jesus geradezu eine Täuschung unserer Umgebung. Wir sollen gepflegt, adrett erscheinen, damit niemand merkt, dass wir fasten.

Die Begründung ist in allen drei Fällen dieselbe: Gott sieht ins Verborgene, und im Bereich des Verborgenen spielt sich das Entscheidende zwischen Gott und uns in der Fastenzeit ab.

Wir merken also, worauf es ankommt. Womit Jesus freilich nicht alle Aspekte des Fastens aufgezeigt hatte. Er sprach exemplarisch vom

Almosen geben, vom Beten und vom Fasten. Er hatte darüber hinaus sicherlich nicht die geringsten Einwände gegen das Fastenverständnis, das uns bei Tritojesaja begegnet. Ein Text, der uns darauf aufmerksam macht, dass sich im Fasten die Liebe zu Gott als Nächstenliebe äußert, und nicht als Verliebtsein in die eigenen Leistungen und in das Erbringen ritueller Vorgaben. Wir lesen dort: „Das ist ein Fasten, wie ich es liebe: die Fesseln des Unrechts zu lösen, die Stricke des Jochs zu entfernen, die Versklavten freizulassen, jedes Joch zu zerbrechen, an die Hungrigen dein Brot zu verteilen, die obdachlosen Armen in dein Haus aufzunehmen, wenn du einen Nackten siehst, ihn zu bekleiden und dich deinen Verwandten nicht zu entziehen [...] Dann geht dir deine *Gerechtigkeit* voran“ (Jes 58,6-7; 8b). Es ist jene Gerechtigkeit, in der wir die uns zuteil gewordene Gerechtigkeit Gottes aufnehmen und an andere abstrahlen. Eine konsequente Haltung, die sich ganz und gar von Gottes Gerechtigkeit getragen und motiviert weiß. Versuchen wir, in dieser Gerechtigkeit unseren Lebensgrund zu finden.

Ein schlimmes Ende!
Ein schlimmes Ende?
Joh 18,1-19,42

Als Jesus von dem Essig genommen hatte, sprach er: es ist vollbracht! Und er neigte sein Haupt und gab seinen Geist auf.

Was für ein Ende! Schlimmer hätte es nicht kommen können. Jesus stirbt am Kreuz einen qualvollen unmenschlichen Tod. Alles verdunkelte sich um ihn. Schmachvoller, erniedrigender, mehr alleingelassen kann ein Leben nicht enden.

Am Abend vorher hat er noch seine Jünger um sich versammelt. Er will sich ihrer und ihrer Treue vergewissern – und weiß, dass auf sie kein Verlass ist. Nicht nur auf Judas nicht. Auch auf Petrus nicht. Und auch auf die anderen nicht. Sie laufen wie aufgeschreckte Hühner auseinander. Sie laufen um ihr Leben, wollen ihre Haut retten. Das ist am Ende aus seinen Jüngern geworden! In die er alle Kraft investiert hatte, um ihnen klarzumachen, was sein Auftrag sei und wozu er sie brauche. Am Ende steht er allein. Er steht nicht, er hängt am Kreuz. Er hätte Anlass gehabt zu rufen: „Meine Jünger alle, Petrus, Jakobus, Andreas“ – und wie sie alle heißen – „warum habt ihr mich verlassen?“

Was für ein Ende! Ein Scherbenhaufen. Schlimmer hätte es nicht kommen können. Jesus steht vor einem Nichts. Er hängt in einem Nichts. Was muss ihm durch den Kopf und durch den gequälten Leib gegangen sein!

Zu der psychischen Verlassenheit kamen die physischen Qualen. Am Kreuz zu sterben war die qualvollste und beschämendste Todesart. Gekreuzigte starben nackt, ohne Lendenschurz. Sie waren an Händen und Füßen angenagelt. Allein dies sich vorzustellen übersteigt unsere Fassungskraft. Die Füße waren nicht am Holzbalken selbst, sondern an einem etwas vorstehenden abgeschrägten Schaft angenagelt, der eine Stütze bot. Wenn die Gekreuzigten qualvoll nach unten durchsackten und zu ersticken drohten, richteten sie sich vom Schaft her wieder auf, um Luft zu holen. So nahm das Leiden einen unvorstellbar qualvollen Verlauf. In der Regel trat der Tod ein, indem man den Gekreuzigten die Beine brach. Sie konnten sich dann nicht mehr aufrichten und erstickten.

Bei Jesus kam es nicht dazu. Er starb früher. Ihn hatten die Qualen schon vorher ausgezehrt, die psychischen und die physischen Qualen.

Auf ihn, den ausgezehrt geschundenen Toten, blicken wir am Karfreitag. Und wir erkennen in ihm all die Toten wieder, die durch Gewalt, durch brutale sinnlose Gewalt ums Leben gekommen sind und noch kommen werden. Wir erkennen in ihm wieder die Opfer von Selbstmordattentaten, die Opfer von Autobomben im Irak, in Afghanistan und andernorts. Wir erkennen in ihm wieder die Opfer von AIDS und die Hungertoten in vielen Regionen der Welt.

Und wir erkennen in ihm wieder unsere eigenen Lebensenttäuschungen und die Tiefschläge unseres Lebens. Er hat das alles auf sich genommen. Er hat das alles durchlitten, bis in die eigene tiefste Anfechtung und Verzweiflung hinein.

Und hat dem allem – in einer unglaublichen Umkehrung – die Spitze genommen, indem er das alles in seinem Leib, mit seinem Leben, vor Gott getragen hat. Und dieser hat das alles angenommen und sich anverwandelt in das absolute Gegenteil: in Leben und Annahme. Gott hat es verwandelt in die Bestätigung, dass er, vor allen Grausamkeiten und allem Schrecklichen der Welt nicht kapituliert. Er wandelt das alles, er anverwandelt sich das im Geheimnis der Auferstehung seines Sohnes.

An diesen Gott glauben wir, an Gott, der mit uns durch Dick und Dünn geht. Ihm bezeugen wir heute unseren Dank und unsere

Ehrerbietung, indem wir das Kreuz seines Sohnes verehren, des daran elend zu Tode Gekommenen.

Gott ist anders
Gedanken zur Dreifaltigkeit

Es fällt ein wenig schwer, sich zur Dreifaltigkeit Gedanken zu machen. Irgendwie klingt der Begriff „heiligste Dreifaltigkeit“ wie eine Verlegenheitsformel. Zumindest wie eine Formel, die uns leicht in Verlegenheit bringt. Sie öffnet nichts, vor ihr verschließen wir uns eher.

Diese Stimmung, es ist ja vor allem eine Stimmung, scheint der Begriff „heiligste Dreifaltigkeit“ auszulösen. Und dies erst recht in unserer Zeit, in der viele, auch viele Gläubige, Schwierigkeiten mit Gott haben. Wer sei das eigentlich, den uns Jesus in seiner Lebensbotschaft nahe bringen wollte? Gott, der auf eine so abwesende Art anwesend ist? Und kompensieren sich unsere Schwierigkeiten mit ihm nicht noch ins Unermessliche, wenn wir ihn unter der Formel der *heiligsten Dreifaltigkeit* ermessen sollen? Wird Gott dann nicht in der Tat zum ganz Unermesslichen?

Da tröstet uns wohl auch kaum, dass Jesus am Ende des gesamten Matthäusevangeliums (Mt 28,16-20) vom Vater, vom Sohn und vom Heiligen Geist spricht. Immerhin will damit offensichtlich etwas Wichtiges gesagt sein, sonst würde es nicht *den Schlusspunkt des gesamten Evangeliums* bilden. Das an diesen Satz bei Matthäus gekoppelte weitere Problem, nämlich die Aufforderung, in die Welt hinauszugehen und Zeugnis für Jesus Christus und seine Botschaft zu geben, was an eine weltumfassende christliche Mission denken lässt, und dies angesichts der in der heutigen globalisierten Welt so nah aneinander gerückten Weltreligionen - dieses *eigene* Problem stellen wir hier ganz zurück, da wir uns mit der heiligsten Dreifaltigkeit befassen wollen.

Soll sie wirklich ein Problem sein? Ein Stolperstein unseres Glaubens, an dem wir uns wunde Knie holen? Vielleicht sollen wir uns von der Fixierung auf den Begriff „heiligste Dreifaltigkeit“ frei machen und uns über die heilige Schrift dem nähern, womit bzw. mit wem wir es in Gott zu tun haben.

Paulus behauptet im Römerbrief (Röm 8,14-17) so leichthin, dass die, die sich vom Geist Gottes leiten lassen, Söhne Gottes sind. Mit Recht könnte man da sogleich fragen, noch bevor man sich näher mit der inhaltlichen Seite der Aussage beschäftigt: Und wo bleiben da die Töchter? Werden sie unterschlagen, wie so oft in der Kirche? Paulus dachte und argumentierte im Referenzrahmen seiner Zeit. Wir können seinen Satz heute exakt auch so formulieren – und würden damit auch wiederum Verwunderung hervorrufen: Die sich vom Geist Gottes leiten lassen, sind Töchter Gottes. So oder so, der Satz kommt abgehoben, wirklichkeitsfremd und wirklichkeitsleer einher. So dass man Paulus fragen möchte: Und woran zeigt sich das Tochter- bzw. Sohn-Gottes-Sein? Paulus drückt sich nicht um die Antwort. Es bestehe darin, um es in freieren Worten zu sagen, dass ihr euch in euerem Leben nicht wie geknechtet, wie kleingemacht, wie gemobbt, wie unterdrückt fühlt. Dass ihr weder von euch selbst klein denkt, euch für null und nichtig erachtet noch auch mit anderen so umgeht, sie also klein haltet, sie nicht hochkommen lasst. Dass wir Söhne und Töchter Gottes sind, zeigt sich nach Paulus daran, dass wir ohne Angst sind.

Wieder so ein großes Wort! Ohne Angst? Zu groß angesichts der Querschläge und Bedrückungen unseres Lebens! Ohne Angst, ohne Furcht zu sein, wie soll das gehen? Klar, dass wir in bestimmten Situationen des Lebens zu einem armseligen Bündel der Angst und Verzweiflung werden können. Denken wir nur an die angstvolle Folter des berüchtigten „waterboarding", bei dem Guantanamo-Häftlinge meinten, ertränkt zu werden. Das ist hier nicht gemeint. Nein, Paulus meint eine grundsätzliche existentielle Weise des Freiseins von Angst, in der unser Leben *gründet*. Und worin sollte sie gründen? Nicht in einem antrainierten psychischen Vermögen, keine Schwäche zu zeigen, den Starken, die Starke zu spielen. Nein, darin ist sie nicht begründet. Sondern in der Überzeugung, dass sich Gott unserem Leben zugewandt hat. Gott haut nicht gewissermaßen auf unser Leben drauf, er hat *sich uns mitgeteilt*, auch wenn wir vielleicht sogleich irritiert fragen wollen, wo das denn bei mir der Fall gewesen sein soll.

Gott hat sich uns mitgeteilt, sagt Paulus, indem er uns *den Geist* mitgegeben hat, seine Töchter, seine Söhne zu sein. Und das ist etwas anderes, als es in einer Redensart meiner Kindheit mitschwang, wenn wir sagten: Ja, im Geiste! Und das sollte heißen: Nur geblufft, an der Sache ist nichts! Vielleicht war das damals schon in der lange zurückliegenden Kindheit ein Hinweis darauf, wie wenig die Sprache des Glaubens, die Sprache der Heiligen Schrift bei uns verfing. Sie schien sich schon damals zu verfangen in einem *Netz leerer Bedeutungslosigkeit*. Um so mehr gilt es dem näher zu treten, dass Gottes Geist kein unverbindliches, kein der Rede nicht wertes Geschenk an uns ist. Nach dem Motto, da habt ihr etwas von mir und nun lasst mich bitte in Frieden! Nein, in diesem Geist, seine Töchter, seine Söhne zu sein, *kommt er bei uns selber an*. Nistet er sich in unser Leben ein, allerdings nicht wie ein Parasit. Sondern er kommt bei uns an, damit wir mit ihm eines Geistes sind, wie eine Familie, so dass wir zu ihm „Papa" sagen dürfen. In dem aramäischen Wort „abba" schwingt eine väterlich-mütterliche Zärtlichkeit mit, die nicht mehr zu übertreffen ist.

Vielleicht merken wir, obwohl das immer noch sehr abstrakt klingt, dass uns Gott in seinem uns mitgeteilten Geist wirklich nahe sein will, ganz im Gegensatz zu unserer Gottvergessenheit, in der wir häufig leben. Allerdings schätzen wir unsere „Gottvergessenheit" bisweilen falsch ein, vor allem auch die „Gottvergessenheit" anderer. Darin kultivieren wir möglicherweise schon wieder die Angst und die Furcht, von der uns Paulus befreit sehen wollte. In dem Zusammenhang zeigt ein Satz aus der Kirchenkonstitution *Lumen gentium* etwas ganz Entscheidendes auf. Er besagt, dass Gott auch denen nahe ist, die ihn *in Schatten und Bildern* suchen, also ihn gar nicht unter der ausdrücklichen Formel, Gott zu suchen, suchen. Denn er gibt allen Leben und Atem und alles.

Wenn wir uns an die Nähe Gottes und seines Geistes zu uns gedanklich gläubig herantasten, dann mag unsere Scheu vor dem großen Wort der „heiligsten Dreifaltigkeit" ein wenig abnehmen. Sie mag einem positiven, vielleicht auch schon wieder ungläubigen Staunen darüber weichen, dass Gott es so mit uns, mit mir *hat*. So, wie wir von zwei Menschen, die sich lieben, sagen, die *haben es miteinander*. Wobei im Falle Gottes unser ungläubiges Staunen, wie bei Thomas, der Weg zu unserem gläubigen Staunen sein kann.

Paulus wird noch direkter. Er will uns in der Tat für dieses Staunen über die Nähe Gottes gewinnen. Er sagt etwas Erstaunliches: Der Geist Gottes arbeitet mit uns, mit unserem Geist, mit unserem geistigen Vermögen zusammen. So erwächst, kann erwachsen, eine gemeinsame Bezeugungskraft, so erwächst unsere Überzeugung, dass wir in der Tat Söhne und Töchter Gottes sind. Und *als solche*, wie in der schönsten irdischen Erbschaftsfolge, auch *Erben Gottes, Miterben Christi*. Da taucht zuletzt die dritte Person in Gott auf, neben Gott, dem Vater, und Gott, dem Heiligen Geist, Gott, der Sohn. In ihm als Miterben entsteht uns kein Mitkonkurrent, er ist es letztlich, der uns die Nähe Gottes offenbart und bezeugt hat.

Was Paulus uns nahe bringen will, mag sich weiter zäh anfühlen, aber doch anders, als der abstrakte Begriff der heiligsten Dreifaltigkeit. Es dürfte eher in uns Seiten ansprechen, es dürfte uns eher berühren und unsere Existenzangst um unser Leben in Frage stellen vor dem größeren Horizont Gottes. Das verlangt uns Glauben ab, einen angstfreien Glauben, was, wie gesagt, nicht bedeutet, keine Angst mehr zu kennen. Aber wir sollten lernen, in einer tiefen Geborgenheit zu gründen, die uns geschenkt ist und die wir in unserem Leben und Glauben mehr und mehr einholen sollen.

Vor diesem Hintergrund beten wir „Ehre sei dem Vater und dem Sohn und dem Heiligen Geist.“ Es ist ein Gebet, das mit unserem Leben zu tun hat. Ganz so, wie der Auferstandene im Schlusssatz des Matthäusevangeliums sagt: Seid gewiss, ich bin bei euch alle Tage bis zum Ende der Welt.

Allerheiligen
Offbg 7,2-4.9-14

Danach sah ich: eine große Schar aus allen Nationen und Stämmen, Völkern und Sprachen; niemand konnte sie zählen.

Die Worte aus der Offenbarung des Johannes, 7,2-4.9-14, muten uns fremd an. Auch wenn wir bei ihnen vielleicht an die Heiligen denken, so tun wir uns doch insgesamt schwer. Wir müssen sie uns langsam erarbeiten.

Das Buch der Offenbarung des Johannes ist ein Trostbuch für die christlichen Gemeinden im Raum der heutigen Türkei, die unter der Christenverfolgung unter Kaiser Domitian (81-96 n. Chr.) litten. Der Autor wählt die literarische Form der sogenannten Apokalypse, eine Form visionären phantasiereichen Erzählens, das zum Glauben und zur Treue im Glauben ermutigen will. Unser Abschnitt ist Teil einer visionär gedachten himmlischen Huldigung vor dem Thron Gottes.

Die himmlische Dramaturgie handelt von der spannenden Öffnung von sieben Siegeln. Sechs dieser Siegel sind bereits geöffnet, und nun geht es als Höhepunkt der Dramaturgie um die Öffnung des siebten Siegels, des *Siegels des lebendigen Gottes*. Es ist ein Erwählungs- und Sicherheitssiegel. Es wird den Angehörigen der zwölf Stämme Israels auf die Stirn gedrückt. Und zwar je 12000 Personen aus den zwölf Stämmen. Das ergibt die Zahl 144000. Das ist keine wörtlich zu nehmende Zahl, sondern meint die unübersehbar große Zahl der von Gott aus den zwölf Stämmen der Söhne Israels Geretteten.

Das ist aber noch nicht alles, die eigentliche Überraschung kommt erst. Die Rede ist darüber hinaus von einer unübersehbaren Menschenschar um den Thron Gottes „aus *allen* Nationen, Stämmen, Völkern und Sprachen; niemand konnte sie zählen." Auch sie umstehen den Thron Gottes, im Verein mit Engeln und Erzengeln. Sie tragen weiße Gewänder, haben Palmzweige in den Händen und huldigen dem Thron und dem Lamm: „Die Rettung kommt von unserem Gott," rufen sie.

An dieser Stelle wollen wir uns aus der Dramaturgie ausklinken. Was meint sie wohl? Ausgangspunkt, sagten wir, ist die Verfolgung unter Kaiser Domitian, welcher sich der Autor nicht dadurch entzieht, dass er beschwichtigt, es werde schon alles nicht so schlimm. Im Gegenteil, er rechnet mit dem Schlimmsten, mit schlimmen Verfolgungen und Heimsuchungen. Blut werde fließen, das Blut von Märtyrern. Aber schließlich werden alle vor dem Thron Gottes von der Rettung singen, die von Gott kommt. Die mit den weißen Gewändern aus den vielen Nationen, so wird noch gesagt, seien die, die aus der großen Bedrängnis gekommen sind und in ihr Gott und dem Glauben an Gott treu geblieben sind.

Eines ist wie von selbst klar: Die Zahl der bei Gott in der himmlischen Liturgie Angekommenen ist Legion. Niemand kann sie zählen. Alle Heiligen eben! Aber noch etwas kann uns deutlich werden. Die Menschen, die da um den Thron Gottes stehen, kommen aus allen Nationen, als allen Stämmen, aus allen Völkern und allen Sprachen. Wir können ergänzen, aus *allen Kulturen und Religionen*. Diese Erweiterung ist wichtig, damit wir nicht meinen, um den himmlischen Thron würden sich nur christliche Heilige versammeln. Andere nicht.

Davor noch ist auch ein anderer Aspekt wichtig: Die Vision der himmlischen Thronfeier wird nicht nur begangen von den kanonisierten Heiligen und Seligen – und ihre Zahl hat ja Johannes Paul II. durch eine Vielzahl von Selig- und Heiligsprechungen kräftig vermehrt. Sie wird auch begangen von unseren verstorbenen Angehörigen, die ebenso in Gottes Herrlichkeit sind. Wir sollten zwischen Allerheiligen und Allerseelen nicht einen hässlichen Graben ausheben. Als würden die einen eine himmlische Liturgie feiern und vor Glück mit der Zunge schnalzen, während die anderen als „arme Seelen" die Qualen des Fegefeuers erleiden. Alle, alle sind in Gottes guter Hand.

Doch um wiegesagt das Wichtigere, das uns weniger Vertraute anzusprechen: Den Thron Gottes umstehen auch die vielen Menschen aus allen möglichen Nationen, Stämmen, Sprachen, Kulturen und Religionen. Nivellieren wir, wenn wir das behaupten, damit nicht alle Unterschiede? Nein, wir nivellieren nichts. Wir nehmen nur

Gewissheiten beim Wort, die das letzte Konzil formuliert hat. Die Pastoralkonstitution *Gaudium et spes* eröffnet uns eine Sicht, unter der zum Beispiel auch das Fest Allerheiligen zu einem globalen, alle umfassenden Fest werden kann. In Christus, so sagt Artikel 22 *Gaudium et spes* sinngemäß, leuchtet das Geheimnis des Menschen auf. Des Menschen, heißt es hier. Nicht bloß des Gläubigen und Getauften! Christus erschließe dem Menschen seine höchste Berufung. Und nun wörtlich: „Da in ihm (sc. in Christus) die menschliche Natur angenommen wurde [...], ist sie dadurch [...] zu einer erhabenen Würde erhoben worden. Denn er, der Sohn Gottes, hat sich in seiner Menschwerdung gewissermaßen mit jedem Menschen vereinigt." Mit jedem Menschen, nicht bloß mit den Glaubenden! Das glauben wir Christen. Wir glauben, dass wir durch Jesu Leben, seinen Tod und seine Auferstehung erlöst worden sind.

Dieses Geheimnis erreicht eben nicht nur Christen. Es reicht viel weiter. Und nun wieder wörtlich Artikel 22: „Das gilt nicht nur für die Christgläubigen, sondern für *alle* Menschen guten Willens, in deren Herzen die Gnade unsichtbar wirkt. Da nämlich Christus für alle gestorben ist und da es in Wahrheit nur eine letzte Berufung des Menschen gibt, die göttliche, müssen wir festhalten, dass der Heilige Geist allen die Möglichkeit anbietet, diesem österlichen Geheimnis in einer Gott bekannten Weise verbunden zu sein. Solcher Art und so groß ist das Geheimnis des Menschen, das durch die christliche Offenbarung den Glaubenden aufleuchtet."

Irgendwie muss das auch dem Autor der Offenbarung aufgeleuchtet sein, dessen Schrift zum Kanon der Bibel, zum Kanon der von Gott inspirierten Schriften zählt. Er versammelte die Menschen aus allen Nationen, Stämmen und Völkern um den Thron Gottes.

So lädt uns das Fest Allerheiligen dazu ein, uns zu öffnen für die Kontakte zu Menschen anderer Kulturen und Religionen, so wie sie uns der Alltag zuspielt. Wir dürfen uns nicht hinter der Wagenburg des allein seligmachenden Glaubens verschanzen. Denn allein seligmachender Glaube ist jener, der weiß, dass das Leben - in welcher Gestalt auch immer – auf Gott verweist, und mag er diesen Gott auch *in Schatten und Bildern* suchen.

Printed by Books on Demand GmbH, Norderstedt / Germany